니어케이프 영어 어휘 어드밴스드 워즈

니어케이프 영어어휘 어드밴스드 워즈

발행	2022년 10월 26일
지은이	니어케이프 출판부
발행인	민현식
펴낸곳	도서출판 섬달
출판사등록	2022년 1월 7일 제2022-000038호
주소	인천시 서구 청라한내로 7
전화	070-8736-1492
홈페이지	http://nearcape.com
E-mail	againyourline@gmail.com
ISBN	979-11-977486-0-8 [13740]
가격	8,500원

니어케이프 영어 어휘 어드밴스드 워즈

구성및 이용안내

1. 단어 QR 코드를 실행시키세요.
교재의 내용이 원어민의 발음으로 재생됩니다.

2. 단어 테스트 QR 코드를 실행시키세요.
하나의 클립당 10개의 문항, 5단어로 구성되어
50개 단어씩 빠짐없이 체크할 수 있습니다.

3. 인터넷이 연결되어 있는 곳,
어디서나 휴대폰, PC를 쉬지 말고 암기하세요.

4. YOUTUBE로 암기하는
니어케이프 영어 어휘 어드밴스드 워즈

5. Easy to get, Effecient to get

수고하신 분들

기획 – 민병선
YOUTUBE 편집 – 진영귀
감수 – 민현식
교정 – 박인수
디자인 – 김선영
홍보 – 권지성

그외 니어케이프 출판부 여러분 감사합니다.

더위와 추위, 벌레들과 전염병들 속에서
자리를 잡고 방어막을 치고
집중이 흐트러지거나 기웃거리지 않고
기약도 없는 일에 전념하기

백번도 넘었을 다짐
다시 하자

NEARCAPE ADVANCED WORDS 50

	WORDS	MEANING		WORDS	MEANING
1	abandon	방종	26	abstruse	난해한
2	abase	(품위, 지위) 떨어뜨리다	27	abuse	비난(하다)
3	abash	당황하게 하다	28	accede	동의하다
4	abate	감소시키다	29	accelerate	가속하다, 촉진시키다
5	abbreviate	생략하다, 단축하다	30	accentuate	돋보이게 하다
6	abdicate	퇴위하다	31	accessible	접근하기 쉬운, 이해하기 쉬운
7	aberrant	비정상적인, 이상한	32	accessory	부속물, 부가적인
8	abet	부추기다, 돕다	33	accidental	우연한
9	abeyance	(일시적) 중지	34	acclimate	순응시키다
10	abhor	혐오하다	35	accolade	칭찬, 영예
11	abiding	영구적인	36	accommodate	편의를 도모하다, 공급하다
12	abject	비참한, 비굴한	37	accomplice	공범자
13	abjure	(신앙, 주의) 를 저버리다	38	accost	다가가 말 걸다
14	abnegate	(권리, 소신) 을 포기하다	39	accountability	책임
15	abolitionism	노예제도 폐지론	40	accrete	서서히 늘리다
16	aboveboard	공명정대한	41	accumulate	모으다, 축적하다
17	abrasion	마찰, 마모	42	accuse	비난하다
18	abridge	요약하다	43	acerbic	신맛의, 신랄한
19	abrogate	(법령) 을 폐지하다	44	acme	절정, 정점
20	abscond	몰래 도망가다	45	acquiesce	마지못해 따르다
21	absolve	사면하다, 면제하다	46	acquisition	획득, 취득물
22	absorb	흡수하다	47	acquit	무죄방면하다
23	abstain	절제하다	48	acrid	신랄한, 얼얼한
24	abstemious	절제하는	49	acrimonious	통렬한, 신랄한
25	abstract	주의를 딴 곳으로 돌리다	50	acute	통찰력 있는, 급성의

NEARCAPE ADVANCED WORDS 100

	WORDS	MEANING		WORDS	MEANING
51	adamant	완고한, 단호한	76	affection	애정
52	adapt	적응시키다, 개작하다	77	affidavit	선서, 진술서
53	addicted	탐닉하는, 중독된	78	affiliation	입회
54	ad-hoc	임시변통의	79	affinity	좋아함, 유사점
55	adherent	신봉자	80	affliction	큰 고통
56	adjacent	인접한	81	affluent	풍부한
57	adjourn	연기하다	82	agenda	의사일정
58	adjudicator	법관	83	aggrandize	확대하다, 드높이다
59	adjunct	부가물, 부속물	84	aggravate	악화시키다
60	ad-lib	즉흥적으로	85	aggregate	모으다
61	admission	입장, 허가	86	aggrieve	괴롭히다, 고통주다
62	admonish	타이르다, 경고하다	87	agony	심한 고통, 몸부림
63	adore	숭배하다, 흠모하다	88	agrarian	농업의
64	adroit	능숙한	89	airtight	공기가 빠져나가지 못할, 빈틈없는
65	adulate	엄청 아첨하다	90	alacrity	어떤 일에 민활함, 선뜻 나섬
66	adulterate	불순물을 섞다	91	albino	백색종
67	adversary	적	92	alchemy	연금술, 마력
68	advertence	주의	93	alibi	변명
69	advertise	광고하다	94	align	정렬시키다, 일직선으로 하다
70	advocate	주장하다	95	allay	가라앉히다
71	aerate	공기를 쐬다	96	allegiance	충성
72	aerial	공기의	97	allegory	우화
73	aesthetics	미학	98	alleviate	완화하다
74	affable	상냥한	99	alliterate	두운을 사용하다
75	affected	젠체하는	100	allude	넌지시 말하다

1.
(A) (품위, 지위) 떨어뜨리다
(B) 감소시키다
(C) 노예제도 폐지론
(D) 공명정대한
(E) 통찰력 있는, 급성의

2.
(A) 퇴위하다
(B) 비정상적인, 이상한
(C) (일시적) 중지
(D) (신앙, 주의) 를 저버리다
(E) 비참한, 비굴한

3.
(A) (권리, 소신) 을 포기하다
(B) 혐오하다
(C) 마찰, 마모
(D) 요약하다
(E) 생략하다, 단축하다

4.
(A) 방종
(B) (법령) 을 폐지하다
(C) 영구적인
(D) 몰래 도망가다
(E) 통렬한, 신랄한

5.
(A) 신맛의, 신랄한
(B) 무죄방면하다
(C) 사면하다, 면제하다
(D) 절제하는
(E) 공범자

6.
(A) 주의를 딴 곳으로 돌리다
(B) 동의하다
(C) 가속하다, 촉진시키다
(D) 흡수하다
(E) 돋보이게 하다

7.
(A) 우연한
(B) 획득, 취득물
(C) 순응시키다
(D) 칭찬, 영예
(E) 부속물, 부가적인

8.
(A) 편의를 도모하다, 공급하다
(B) 다가가 말 걸다
(C) 책임
(D) 서서히 늘리다
(E) 모으다, 축적하다

9.
(A) 접근하기 쉬운, 이해하기 쉬운
(B) 비난하다
(C) 절정, 정점
(D) 절제하다
(E) 마지못해 따르다

10.
(A) 난해한
(B) 부추기다, 돕다
(C) 당황하게 하다
(D) 신랄한, 얼얼한
(E) 비난(하다)

NEARCAPE ADVANCED WORDS TEST 100

1.
(A) 적응시키다, 개작하다
(B) 임시변통의
(C) 엄청 아첨하다
(D) 불순물을 섞다
(E) 인접한

2.
(A) 연기하다
(B) 두운을 사용하다
(C) 부가물, 부속물
(D) 숭배하다, 흠모하다
(E) 타이르다, 경고하다

3.
(A) 능숙한
(B) 즉흥적으로
(C) 적
(D) 주의
(E) 신봉자

4.
(A) 완고한, 단호한
(B) 광고하다
(C) 입회
(D) 입장, 허가
(E) 주장하다

5.
(A) 모으다
(B) 공기의
(C) 완화하다
(D) 미학
(E) 상냥한

6.
(A) 변명
(B) 좋아함, 유사점
(C) 농업의
(D) 큰 고통
(E) 풍부한

7.
(A) 의사일정
(B) 확대하다, 드높이다
(C) 악화시키다
(D) 괴롭히다, 고통주다
(E) 우화

8.
(A) 애정
(B) 심한 고통, 몸부림
(C) 공기를 쐬다
(D) 공기가 빠져나가지 못할, 빈틈없는
(E) 백색종

9.
(A) 선서, 진술서
(B) 연금술, 마력
(C) 정렬시키다, 일직선으로 하다
(D) 가라앉다
(E) 어떤 일에 민활함, 선뜻 나섬

10.
(A) 법관
(B) 젠체하는
(C) 충성
(D) 탐닉하는, 중독된
(E) 넌지시 말하다

4

NEARCAPE ADVANCED WORDS 150

	WORDS	MEANING		WORDS	MEANING
101	aloft	위에 높이	126	anathema	저주
102	aloof	쌀쌀맞은, 냉담한	127	ancestor	선조
103	alphabetical	알파벳순의	128	anecdote	일화
104	altruism	이타주의	129	anemic	무기력한
105	amalgamate	혼합하다, 합병하다	130	anesthetic	마취의, 마취제
106	amass	축적하다	131	anew	새로이
107	ambiguous	분명치 않은, 애매모호한	132	angle	각
108	ambivalent	양면가치의	133	anhydrous	무수의
109	amble	느릿느릿 걷다	134	animation	활기참
110	ambrosial	아주 맛있는	135	annals	연대기표
111	ameliorate	개선하다	136	annoy	성가시게 하다, 화를 내다
112	amenity	쾌적함, 상냥한 태도	137	annul	무효화하다, 폐기하다
113	amiable	상냥한	138	anodyne	진통제
114	amicable	우호적인	139	anomalous	변칙의
115	amiss	잘못된, 잘못하여	140	anonymous	익명의
116	amorphous	무정형의	141	antagonize	적개심을 일으키다, 반대하다
117	amphibian	양서류	142	antenna	촉각, 더듬이
118	amplify	확대하다	143	anterior	이전의
119	amplitude	충분함	144	anthology	명문선집
120	amulet	부적	145	antic	괴이한
121	anaerobic	산소 없어도 살 수 있는	146	anticipatory	예상한, 선구적인
122	analgesic	무통의, 진통제	147	antidote	해독제
123	analogy	유사	148	antipathy	혐오, 반감
124	analysis	분석	149	antique	고대의
125	anarchist	무정부주의자	150	antiseptic	소독제

NEARCAPE ADVANCED WORDS 200

	WORDS	MEANING		WORDS	MEANING
151	antonym	반의어	176	apprentice	초심자
152	anvil	모루	177	approbation	칭찬, 승인
153	apathy	냉담, 무관심	178	appropriate	적합한
154	apex	최고조	179	appropriate	(특정 목적에) 사용(전용)하다
155	aphorism	경구	180	approve	찬성하다, 승인하다
156	apocalyptic	아주 결정적인, 예언적인	181	approximate	대략의
157	apocrypha	출처가 의심스런 글, 짜가	182	apropos	적절한
158	apologize	사과하다, 변호하다	183	apt	적절한, ~할 듯한
159	apophasis	부정어법	184	aquatic	물의
160	apoplectic	몹시 성난	185	aqueduct	수로
161	apostasy	배교, 변절	186	aquifer	대수층
162	apostrophe	생략부호	187	arboreal	나무의
163	apothecary	약국 주인	188	arboretum	수목원
164	appall	오싹하게 하다	189	archaic	고대의
165	apparel	옷을 입히다, 의복	190	archipelago	군도
166	appeal	간청하다	191	archetype	원형, 전형
167	appealing	매력적인	192	archive	공문서 보관소
168	appease	달래다, 진정시키다	193	archness	주요함, 교활함
169	appetite	식욕, 욕망	194	arctic	몹시 추운, 북극의
170	applause	박수갈채, 칭찬	195	ardor	열정, 열의
171	applicant	지원자	196	argot	은어
172	appoint	임명하다	197	arid	건조한
173	apposite	적절한, 관계있는	198	armory	병기고
174	appreciable	쉽게 알아볼 수 있는	199	arrest	(진행) 을 저지하다
175	apprehension	두려움, 염려	200	arresting	이목을 끄는

NEARCAPE ADVANCED WORDS TEST 150

1.
(A) 쌀쌀맞은, 냉담한
(B) 이타주의
(C) 혼합하다, 합병하다
(D) 무정형의
(E) 양서류

2.
(A) 혐오, 반감
(B) 분명치 않은, 애매모호한
(C) 양면가치의
(D) 느릿느릿 걷다
(E) 우호적인

3.
(A) 상냥한
(B) 잘못된, 잘못하여
(C) 개선하다
(D) 확대하다
(E) 충분함

4.
(A) 축적하다
(B) 위에 높이
(C) 선조
(D) 부적
(E) 산소 없어도 살 수 있는

5.
(A) 연대기표
(B) 무통의, 진통제
(C) 소독제
(D) 유사
(E) 분석

6.
(A) 저주
(B) 무기력한
(C) 진통제
(D) 마취의, 마취제
(E) 새로이

7.
(A) 각
(B) 무수의
(C) 활기참
(D) 성가시게 하다, 화를 내다
(E) 쾌적함, 상냥한 태도

8.
(A) 촉각, 더듬이
(B) 무효화하다, 폐기하다
(C) 해독제
(D) 고대의
(E) 적개심을 일으키다, 반대하다

9.
(A) 일화
(B) 이전의
(C) 명문 선집
(D) 괴이한
(E) 익명의

10.
(A) 예상한, 선구적인
(B) 무정부주의자
(C) 알파벳순의
(D) 아주 맛있는
(E) 변칙의

1.
(A) 모루
(B) 냉담, 무관심
(C) 이목을 끄는
(D) 옷을 입히다, 의복
(E) 간청하다

2.
(A) 경구
(B) 아주 결정적인, 예언적인
(C) 출처가 의심스런 글, 짜가
(D) 부정어법
(E) 약국 주인

3.
(A) 생략부호
(B) 오싹하게 하다
(C) 몹시 성난
(D) 매력적인
(E) 달래다, 진정시키다

4.
(A) 주요함, 교활함
(B) 반의어
(C) 초심자
(D) 식욕, 욕망
(E) 박수갈채, 칭찬

5.
(A) 물의
(B) 지원자
(C) (진행) 을 저지하다
(D) 임명하다
(E) 적절한, 관계있는

6.
(A) 두려움, 염려
(B) 적합한
(C) 나무의
(D) (특정 목적에) 사용(전용) 하다
(E) 찬성하다, 승인하다

7.
(A) 대략의
(B) 적절한
(C) 적절한, ~할 듯한
(D) 수로
(E) 배교, 변절

8.
(A) 원형, 전형
(B) 대수층
(C) 건조한
(D) 병기고
(E) 군도

9.
(A) 칭찬, 승인
(B) 공문서 보관소
(C) 몹시 추운, 북극의
(D) 열정, 열의
(E) 고대의

10.
(A) 사과하다, 변호하다
(B) 쉽게 알아볼 수 있는
(C) 은어
(D) 최고조
(E) 수목원

NEARCAPE ADVANCED WORDS 250

	WORDS	MEANING		WORDS	MEANING
201	arrhythmic	규칙적이 아닌	226	asylum	피난처
202	arrogance	거만	227	atone	(죄 등) 을 보상하다, 속죄하다
203	arsenal	병기고	228	atrocious	극악한
204	articulate	명확히 말하다	229	attenuate	약하게 하다
205	artifacts	예술품	230	attorney	변호사
206	artifice	책략, 기만	231	auction	경매
207	artless	꾸밈없는, 엉성한	232	audacious	대담한, 뻔뻔스런, 조심성 없는
208	ascendant	우세	233	audible	들리는
209	ascent	상승	234	augur	예언자, 점치다
210	ascetic	금욕의, 금욕주의자	235	auspicious	길조의
211	aseptic	무균의	236	austere	간소한, 엄격한
212	aside	여담	237	authenticity	확실성, 진짜임
213	askew	비스듬한	238	authority	권위
214	asperity	퉁명스러움, 모질게 함	239	avarice	탐욕
215	aspiration	야심	240	aversion	혐오
216	assert	단언하다, 주장하다	241	avid	열정적인, 몹시 탐내는
217	assess	평가하다	242	avulsion	잡아 찢기
218	asset	자산	243	awash	물에 잠긴
219	assiduous	꾸준한, 꼼꼼히 돌보는	244	awe	경외
220	assuage	완화시키다	245	awkward	서투른, 꼴사나운
221	assume	떠맡다, 젠체하다	246	awl	송곳
222	astounding	몹시 놀라는	247	awning	차일
223	astute	통찰력 있는, 빈틈없는	248	awry	비스듬한, 뒤틀린
224	asunder	뿔뿔이, 산산히	249	babble	쓸데없는 잡담을 하다
225	asymmetrical	비대칭의	250	backdrop	배경막

NEARCAPE ADVANCED WORDS 300

	WORDS	MEANING		WORDS	MEANING
251	backhanded	우회적인, 혹평하는	276	barter	물물교환(하다)
252	backset	곤두박질, 역행	277	base	천한, 비열한
253	badge	휘장	278	baseboard	굽도리 널
254	badger	끈질기게 괴롭히다	279	bathetic	진부한
255	badinage	가벼운 농담	280	beatitude	최상의 행복
256	bait	놀려 괴롭히다, 유인하다	281	bedeck	장식하다
257	baleful	해로운	282	bedlam	아수라장
258	balk	망설이다, 방해하다	283	befuddle	(감언) 으로 현혹시키다
259	balky	고집 센	284	belabor	논쟁을 오래도록하다
260	ballad	발라드	285	beleaguer	괴롭히다
261	ballet	발레단	286	belie	거짓임을 나타내다
262	ballast	안정시키는 것	287	belittle	과소평가하다
263	ballot	후보자명부	288	belletristic	순수문학
264	balm	진통, 진정제	289	bellicose	호전적인
265	bamboozle	속여먹다	290	belligerence	호전성
266	ban	금지	291	bellwether	지도자, 장본인
267	banal	진부한, 평범한	292	bemoan	슬퍼하다
268	baneful	유독한	293	bend	구부리다
269	banish	추방하다	294	benediction	축복
270	banister	계단의 난간	295	beneficent	자애로운, 이득이 되는
271	barb	가시, 가시 돋친 말	296	bequest	유산
272	barbarous	교양 없는, 잔혹한, 야만스런	297	berate	호되게 꾸짖다
273	barefaced	공명정대한, 뻔뻔스런	298	beseech	간청하다
274	bargain	흥정하다	299	besmirch	더럽히다, 손상시키다
275	baroque	지나치게 화려한	300	betray	배반하다, 폭로하다

NEARCAPE ADVANCED WORDS TEST 250

1.
(A) 퉁명스러움, 모질게 함
(B) 명확히 말하다
(C) 예술품
(D) 비스듬한, 뒤틀린
(E) 단언하다, 주장하다

2.
(A) 평가하다
(B) 꾸밈없는, 엉성한
(C) 상승
(D) 서투른, 꼴사나운
(E) 금욕의, 금욕주의자

3.
(A) 거만
(B) 비스듬한
(C) 야심
(D) 무균의
(E) 자산

4.
(A) 꾸준한, 꼼꼼히 돌보는
(B) 책략, 기만
(C) 피난처
(D) 병기고
(E) 여담

5.
(A) 예언자, 점치다
(B) 떠맡다, 젠체하다
(C) 배경막
(D) 몹시 놀라는
(E) 통찰력 있는, 빈틈없는

6.
(A) 비대칭의
(B) 극악한
(C) 확실성, 진짜임
(D) 약하게 하다
(E) 변호사

7.
(A) 경매
(B) 대담한, 뻔뻔스런, 조심성없는
(C) 들리는
(D) 길조의
(E) 완화시키다

8.
(A) 열정적인, 몹시 탐내는
(B) 간소한, 엄격한
(C) 규칙적이 아닌
(D) 쓸데없는 잡담을 하다
(E) 혐오

9.
(A) (죄 등) 을 보상하다, 속죄하다
(B) 잡아찢기
(C) 물에 잠긴
(D) 경외
(E) 탐욕

10.
(A) 송곳
(B) 뿔뿔이, 산산히
(C) 차일
(D) 우세
(E) 권위

NEARCAPE ADVANCED WORDS TEST 300

1.
(A) 휘장
(B) 끈질기게 괴롭히다
(C) 가벼운 농담
(D) 금지
(E) 진부한, 평범한

2.
(A) 해로운
(B) 망설이다, 방해하다
(C) 고집 센
(D) 발라드
(E) 진통, 진정제

3.
(A) 안정시키는 것
(B) 속여먹다
(C) 더럽히다, 손상시키다
(D) 유독한
(E) 추방하다

4.
(A) 놀려 괴롭히다, 유인하다
(B) 우회적인, 혹평하는
(C) 천한, 비열한
(D) 계단의 난간
(E) 가시, 가시 돋친 말

5.
(A) 괴롭히다
(B) 교양없는, 잔혹한, 야만스런
(C) 배반하다, 폭로하다
(D) 공명정대한, 뻔뻔스런
(E) 흥정하다

6.
(A) 물물교환(하다)
(B) 진부한
(C) 순수문학
(D) 최상의 행복
(E) 장식하다

7.
(A) 아수라장
(B) (감언) 으로 현혹시키다
(C) 논쟁을 오래도록하다
(D) 거짓임을 나타내다
(E) 발레단

8.
(A) 후보자명부
(B) 과소평가하다
(C) 호되게 꾸짖다
(D) 간청하다
(E) 지도자, 장본인

9.
(A) 굽도리 널
(B) 슬퍼하다
(C) 구부리다
(D) 축복
(E) 호전성

10.
(A) 자애로운, 이득이 되는
(B) 지나치게 화려한
(C) 유산
(D) 곤두박질, 역행
(E) 호전적인

NEARCAPE ADVANCED WORDS 350

	WORDS	MEANING		WORDS	MEANING
301	bibliophile	애서가	326	boisterous	떠들썩한
302	bigot	편협한 사람	327	bolster	받침대, 강화하다
303	bit	드릴용 날	328	bombast	호언장담, 허풍
304	blackout	보도통제, 등화관제	329	bonhomie	싹싹함
305	bland	온화한, 부드러운	330	bonus	보너스
306	blandishment	감언	331	boon	은혜, 혜택
307	blase	환락에 물린, 싫증난	332	boor	촌뜨기
308	blaspheme	신성모독하다	333	bootless	무익한
309	blast	광풍	334	bore	뚫다, 지루하게하다
310	blatant	떠들썩한, 뻔뻔스런	335	box	주먹다짐하다
311	blazon	과시(하다)	336	bracing	기운을 돋우는
312	bleach	표백하다	337	bracket	(처마, 선반 등의) 받침대
313	blemish	흠, 결점	338	brackish	불쾌한
314	blender	혼합하다	339	braggart	허풍쟁이
315	blight	황폐, 시들게 하다	340	braided	(머리를) 땋은
316	bliss	다시없는 기쁨, 행복	341	brake	브레이크
317	blithe	경솔한, 사려 분별없는	342	brash	경솔한
318	blunder	큰 실수	343	brassy	뻔뻔스러운
319	blunt	무딘, 무디게 하다	344	bravura	화려한
320	blurb	짧은 광고	345	brazen	뻔뻔스러운
321	blurt	불쑥 말하다	346	breach	불화, 틈을 만들다
322	blush	홍조, 얼굴을 붉히다	347	breezeway	지붕 있는 통로
323	bluster	허세부리다, 공갈치다	348	brevity	간결
324	boding	흉조	349	bribe	뇌물로 매수하다
325	boggle	움찔하다	350	bridle	억누르다

NEARCAPE ADVANCED WORDS 400

	WORDS	MEANING		WORDS	MEANING
351	brisk	활발한	376	byline	필자명을 적는 줄
352	bristle	(털 세울 정도로) 노기를 띠다	377	cabal	비밀결사단체
353	brittle	부서지기 쉬운	378	cacophony	불협화음
354	broach	처음으로 입 밖에 내다	379	cadet	신참, 막내
355	bromide	진부한 이야기	380	cadge	억지로 얻어내다
356	browbeat	위협하다	381	caisson	탄약상자
357	bruit	소문을 퍼뜨리다	382	cajole	(감언이설) 부추겨 ~하게하다
358	buck	강력히 반대하다	383	calamitous	재앙을 가져오는
359	bucolic	전원적인, 소박한	384	calcify	경화시키다
360	budge	의견을 바꾸다	385	calibrate	구경을 재다, 표준에 따라 조사하다
361	buffoon	익살꾼	386	calligrapher	서예가
362	bully	깡패	387	callow	풋내기의
363	bumper	충격완화장치	388	callous	무감각하게 하다, 못, 냉담한
364	bumptious	오만한, 거만한	389	calorie	칼로리
365	bungle	어설픈 짓을 하다	390	calumniate	비방하다, 중상하다
366	buoy	띄우다, 지탱하다	391	camaraderie	우정
367	buoyant	명랑한, 부력이 있는	392	cameo	까메오, 카메오출현
368	burgeon	싹트다, 성장하다	393	camouflage	변장, 속임수
369	burial	매장	394	candidate	후보자
370	burlesque	풍자극	395	candor	공평무사, 솔직
371	burnish	광을 내다, 광택	396	cane	지팡이
372	burrow	(토끼, 여우) 굴	397	canon	규범, 진짜 작품으로 인정되는 것
373	buttress	버팀대	398	cantankerous	성미 급한, 다루기 어려운
374	buttress	지지하다	399	canvas	유화
375	bygone	과거지사	400	canvass	(투표) 를 부탁하다

NEARCAPE ADVANCED WORDS TEST 350

1.
(A) 황폐, 시들게하다
(B) 드릴용 날
(C) 온화한, 부드러운
(D) 감언
(E) 경솔한, 사려분별없는

2.
(A) 큰 실수
(B) 환락에 물린, 싫증난
(C) 신성모독하다
(D) 광풍
(E) 떠들석한, 뻔뻔스런

3.
(A) 애서가
(B) 혼합하다
(C) 다시없는 기쁨, 행복
(D) 과시(하다)
(E) 무딘, 무디게 하다

4.
(A) 짧은 광고
(B) 억누르다
(C) 받침대, 강화하다
(D) 편협한 사람
(E) 흠, 결점

5.
(A) 주먹다짐하다
(B) 홍조, 얼굴을 붉히다
(C) 뇌물로 매수하다
(D) 허세부리다, 공갈치다
(E) 홍조

6.
(A) 떠들썩한
(B) 싹싹함
(C) 불쾌한
(D) 보너스
(E) 은혜, 혜택

7.
(A) 촌뜨기
(B) 무익한
(C) 뚫다, 지루하게하다
(D) 기운을 돋우는
(E) 불쑥 말하다

8.
(A) 경솔한
(B) (처마, 선반등의) 받침대
(C) 표백하다
(D) 보도통제, 등화관제
(E) 브레이크

9.
(A) 호언장담, 허풍
(B) 뻔뻔스러운
(C) 화려한
(D) 뻔뻔스러운
(E) (머리를) 땋은

10.
(A) 불화, 틈을 만들다
(B) 움찔하다
(C) 지붕 있는 통로
(D) 간결
(E) 허풍쟁이

NEARCAPE ADVANCED WORDS TEST 400

1.
(A) (털 세울 정도로) 노기를 띠다
(B) 부서지기 쉬운
(C) 성미 급한, 다루기 어려운
(D) 띄우다, 지탱하다
(E) 명랑한, 부력이 있는

2.
(A) 진부한 이야기
(B) 강력히 반대하다
(C) 전원적인, 소박한
(D) 의견을 바꾸다
(E) 오만한, 거만한

3.
(A) 충격완화장치
(B) 어설픈 짓을 하다
(C) 익살꾼
(D) 싹트다, 성장하다
(E) 매장

4.
(A) 변장, 속임수
(B) 처음으로 입밖에 내다
(C) 활발한
(D) 경화시키다
(E) (토끼, 여우) 굴

5.
(A) 불협화음
(B) 버팀대
(C) 구경을 재다, 표준에 따라 조사하다
(D) 과거지사
(E) 비밀결사 단체

6.
(A) 우정
(B) 공평무사, 솔직
(C) 신참, 막내
(D) 탄약상자
(E) 위협하다

7.
(A) (감언이설) 부추겨 ~하게하다
(B) 재앙을 가져오는
(C) 풋내기의
(D) 풍자극
(E) 무감각하게 하다, 못, 냉담한

8.
(A) 억지로 얻어내다
(B) 칼로리
(C) 광을 내다, 광택
(D) 비방하다, 중상하다
(E) 카메오, 카메오 출현

9.
(A) 후보자
(B) 지지하다
(C) 지팡이
(D) 서예가
(E) 필자명을 적는 줄

10.
(A) 규범, 진짜 작품으로 인정되는 것
(B) 깡패
(C) 유화
(D) 소문을 퍼뜨리다
(E) (투표)를 부탁하다

NEARCAPE ADVANCED WORDS 450

	WORDS	MEANING		WORDS	MEANING
401	canyon	깊은 협곡	426	celebrity	유명인사
402	capitulate	(조건부) 항복하다	427	cell	세포
403	caprice	변덕	428	cement	결합하다
404	captivate	마음을 사로잡다	429	censor	검열관, 검열하다
405	caretaker	임시대리인, 관리인	430	censorious	몹시 비판적인
406	careworn	근심 걱정에 초췌한	431	censure	비난, 혹평(하다)
407	caricature	풍자만화	432	census	인구조사
408	carouse	떠들썩하게 마시다	433	centrifuge	원심분리기
409	carp	트집 잡다	434	ceremony	의식
410	cartographer	지도제작자	435	cessation	중지, 정지
411	cast	배역(하다)	436	certitude	확신
412	castigation	혹평	437	chaff	왕겨
413	castle	성	438	chagrin	원통함, 분함
414	catalyze	촉진시키다	439	chamber	방, 공무집행 실
415	catastrophe	대재앙	440	chameleon	카멜레온
416	categorical	무조건의	441	champion	지지, 옹호하다
417	cater	요구에 맞춰주다	442	charade	몸짓으로 말을 표현하는 게임, 가장
418	catholic	보편적인, 비편파적인	443	charlatan	돌팔이, 사기꾼
419	caustic	신랄한, 부식의	444	chary	신중한, 조심성 있는
420	cavalier	신중함 없이 호탕한, 거만한	445	chasm	깊은 틈
421	caveat	경고, 주의	446	check	갑작스런 방해(하다)
422	cavern	큰 동굴	447	chef	요리사
423	cavil	트집 잡다	448	cherubic	순진무구한
424	cavort	뛰어 다니다	449	chevron	갈매기표(계급장)
425	cede	양도하다	450	chiaroscuro	명암대조법

NEARCAPE ADVANCED WORDS 500

	WORDS	MEANING		WORDS	MEANING
451	chic	맵시 있는	476	clarion	낭랑한
452	chicanery	속임수, 핑계	477	clarity	명쾌함
453	chide	꾸짖다, 잔소리하다	478	clasp	걸쇠
454	chip	조각	479	cleft	갈라진 틈
455	choke	질식시키다	480	clement	너그러운, 쾌적한
456	choleric	화 잘 내는, 성마른	481	cliche	진부한 말
457	chord	화음	482	cling	달라붙다
458	choreography	안무	483	clique	파벌
459	chromatic	색채의	484	clog	방해물
460	chronic	상습적인, 만성의	485	closet	벽장, 은밀한
461	chronicle	연대기	486	clothing	의류
462	chronological	연대순의	487	clot	엉긴 덩어리
463	chunk	한 덩어리	488	cloudburst	폭우
464	churlish	막 되먹은, 무뚝뚝한	489	clout	영향력
465	cinder	탄재	490	cloying	싫증나게 하는, 물린
466	cipher	암호	491	clumsy	꼴사나운, 서툰
467	circuitous	에우르는	492	coagulant	응고제
468	circumference	원주	493	coalesce	합체하다
469	circumlocutory	장황한	494	coarse	조잡한, 교양 없는
470	circumspect	신중한	495	coax	감언으로 부추기다
471	circumvent	교묘히 회피하다	496	coda	음악의 종결부
472	cistern	물탱크	497	coeval	같은 시대의
473	citation	소환장	498	cogent	설득력 있는
474	civility	예의바름	499	cogitate	숙고, 명상하다
475	clandestine	은밀한	500	cognizant	인식한, 알고 있는

NEARCAPE ADVANCED WORDS TEST 450

1.
(A) 대재앙
(B) 변덕
(C) 마음을 사로잡다
(D) 근심걱정에 초췌한
(E) 요구에 맞춰주다

2.
(A) 보편적인, 비편파적인
(B) 떠들썩하게 마시다
(C) 트집잡다
(D) 지도제작자
(E) 배역(하다)

3.
(A) 깊은 협곡
(B) 성
(C) 무조건의
(D) 명암대조법
(E) 신랄한, 부식의

4.
(A) 신중함 없이 호탕한, 거만한
(B) 풍자만화
(C) (조건부) 항복하다
(D) 깊은 틈
(E) 경고, 주의

5.
(A) 임시대리인, 관리인
(B) 왕겨
(C) 몹시 비판적인
(D) 양도하다
(E) 유명인사

6.
(A) 방, 공무 집행실
(B) 결합하다
(C) 돌팔이, 사기꾼
(D) 요리사
(E) 비난, 혹평(하다)

7.
(A) 원심분리기
(B) 의식
(C) 뛰어 다니다
(D) 중지, 정지
(E) 확신

8.
(A) 큰 동굴
(B) 카멜레온
(C) 인구조사
(D) 지지, 옹호하다
(E) 트집 잡다

9.
(A) 몸짓으로 말을 표현하는 게임, 가장
(B) 신중한, 조심성 있는
(C) 갑작스런 방해(하다)
(D) 순진무구한
(E) 세포

10.
(A) 원통함, 분함
(B) 혹평
(C) 검열관, 검열하다
(D) 갈매기표(계급장)
(E) 촉진시키다

NEARCAPE ADVANCED WORDS TEST 500

1.
(A) 탄 재
(B) 조각
(C) 질식시키다
(D) 화 잘 내는, 성마른
(E) 에우르는

2.
(A) 원주
(B) 인식한, 알고있는
(C) 안무
(D) 색채의
(E) 상습적인, 만성의

3.
(A) 맵시 있는
(B) 막 되먹은, 무뚝뚝한
(C) 암호
(D) 싫증나게 하는, 물린
(E) 연대기

4.
(A) 조잡한, 교양 없는
(B) 달라붙다
(C) 은밀한
(D) 교묘히 회피하다
(E) 한 덩어리

5.
(A) 방해물
(B) 소환장
(C) 폭우
(D) 응고제
(E) 낭랑한

6.
(A) 걸쇠
(B) 갈라진 틈
(C) 꾸짖다, 잔소리하다
(D) 너그러운, 쾌적한
(E) 진부한 말

7.
(A) 신중한
(B) 벽장, 은밀한
(C) 명쾌함
(D) 의류
(E) 화음

8.
(A) 엉긴 덩어리
(B) 영향력
(C) 꼴사나운, 서툰
(D) 합체하다
(E) 물탱크

9.
(A) 파벌
(B) 장황한
(C) 예의바름
(D) 감언으로 부추기다
(E) 음악의 종결부

10.
(A) 연대순의
(B) 같은 시대의
(C) 설득력 있는
(D) 속임수, 핑계
(E) 숙고, 명상하다

NEARCAPE ADVANCED WORDS 550

	WORDS	MEANING		WORDS	MEANING
501	colander	여과기	526	compress	압축하다
502	collapse	붕괴시키다	527	compromise	타협, 화해하다
503	collude	공모하다	528	compunction	양심의 가책
504	colonnade	주랑	529	concatenate	(쇠사슬처럼) 연결하다
505	coltish	미숙한	530	concede	인정하다, 허용하다
506	coma	혼수상태	531	concentrate	응축하다, 집결시키다
507	combustible	가연성의	532	concerted	협력에 의한
508	comely	어여쁜, 훌륭한	533	concerto	협주곡
509	commencement	개시, 학위수여식	534	conciliate	달래다, 회유하다
510	commend	칭찬하다	535	conciseness	간결함
511	commensurate	동등한, 어울리는	536	concord	일치, 조화
512	commentary	논평	537	concur	동의하다, 일치하다
513	commercial	광고	538	condemn	비난하다
514	commitment	서약, 몰두	539	condescending	생색내는
515	committed	전념하는	540	condign	마땅한, 적절한
516	commodious	편리한, 넓은	541	condolence	애도, 문상
517	commonsense	상식	542	condone	용서하다, 눈감아주다
518	commotion	폭동, 동요	543	conducive	조성하는, 도움 되는
519	compendium	요약	544	confederacy	연합
520	compensate	상쇄하다	545	confess	자백하다
521	complaisance	유순함, 친절함	546	confidant	절친한 친구
522	compliant	유순한	547	confident	자신만만한
523	compliment	찬사, 아첨하다	548	confine	감금하다
524	comply	순순히 따르다	549	confluence	합류점, 군중
525	composed	차분한	550	conform	일치하다, 따르다

NEARCAPE ADVANCED WORDS 600

	WORDS	MEANING		WORDS	MEANING
551	confront	맞서다	576	contempt	경멸
552	congeal	응고시키다	577	content	만족한, 안도하는
553	congenial	마음이 맞는	578	contentious	논쟁적인, 싸우기 좋아하는
554	congruent	부합하는, 합동하는	579	contingent	일어날 수 있는
555	conjecture	추측(하다)	580	contradictory	모순 된
556	connive	공모하다	581	contravene	반대하다
557	connoisseur	전문 감정가	582	contretemps	뜻밖의 사건, 재앙
558	conquest	정복	583	contrite	죄를 뉘우치는
559	conscientious	양심적인, 철두철미한	584	contrived	기도한, 꾀한
560	consensus	합의, 일치	585	contumacious	반항적인
561	conservative	보수적인	586	conundrum	수수께끼
562	conservatory	음악, 예술학교	587	convalesce	건강을 회복하다
563	conserve	보존하다	588	convenience	형편이 좋을 때
564	considerable	중요한, 상당한	589	convention	관습
565	consignment	탁송	590	convergent	수렴하는
566	console	위로하다	591	conversant	친교가 있는, 정통한
567	consolidate	합병하다, 강화하다	592	convert	개종시키다
568	consonance	일치	593	convex	볼록체
569	conspicuous	눈에 띄는	594	convey	전달하다, 운반하다
570	constellation	별자리	595	conviction	유죄판결, 확신
571	constitute	임명하다	596	convivial	연회의, 친목적인
572	constrained	강요된	597	convoke	뒤얽힌, 복잡한
573	consultation	상담	598	convulsion	경련
574	contagious	오염시키다	599	coop	닭장
575	contemplate	심사숙고하다	600	copious	아주 풍부한

NEARCAPE ADVANCED WORDS TEST 550

1.
(A) 여과기
(B) 편리한, 넓은
(C) 미숙한
(D) 혼수상태
(E) 가연성의

2.
(A) 폭동, 동요
(B) 요약
(C) 개시, 학위수여식
(D) 칭찬하다
(E) 절친한 친구

3.
(A) 논평
(B) 붕괴시키다
(C) 전념하는
(D) 상식
(E) 광고

4.
(A) 상쇄하다
(B) 조성하는, 도움 되는
(C) 유순함, 친절함
(D) 감금하다
(E) 간결함

5.
(A) 양심의 가책
(B) 찬사, 아첨하다
(C) 순순히 따르다
(D) 동의하다, 일치하다
(E) 압축하다

6.
(A) 애도, 문상
(B) 자백하다
(C) (쇠사슬처럼) 연결하다
(D) 응축하다, 집결시키다
(E) 협력에 의한

7.
(A) 서약, 몰두
(B) 협주곡
(C) 달래다, 회유하다
(D) 공모하다
(E) 비난하다

8.
(A) 인정하다, 허용하다
(B) 생색내는
(C) 유순한
(D) 마땅한, 적절한
(E) 용서하다, 눈감아주다

9.
(A) 연합
(B) 자신만만한
(C) 차분한
(D) 일치, 조화
(E) 어여쁜, 훌륭한

10.
(A) 타협, 화해하다
(B) 주랑
(C) 동등한, 어울리는
(D) 합류점, 군중
(E) 일치하다, 따르다

NEARCAPE ADVANCED WORDS TEST 600

1.
(A) 맞서다
(B) 위로하다
(C) 부합하는, 합동하는
(D) 공모하다
(E) 전문 감정가

2.
(A) 일치
(B) 눈에 띄는
(C) 양심적인, 철두철미한
(D) 뒤얽힌, 복잡한
(E) 합의, 일치

3.
(A) 보수적인
(B) 응고시키다
(C) 관습
(D) 탁송
(E) 볼록체

4.
(A) 반대하다
(B) 오염시키다
(C) 정복
(D) 마음이 맞는
(E) 죄를 뉘우치는

5.
(A) 중요한, 상당한
(B) 건강을 회복하다
(C) 친교가 있는, 정통한
(D) 심사숙고하다
(E) 만족한, 안도하는

6.
(A) 논쟁적인, 싸우기 좋아하는
(B) 임명하다
(C) 일어날 수 있는
(D) 모순된
(E) 보존하다

7.
(A) 기도한, 꾀한
(B) 경멸
(C) 반항적인
(D) 별자리
(E) 수수께끼

8.
(A) 형편이 좋을 때
(B) 수렴하는
(C) 개종시키다
(D) 강요된
(E) 뜻밖의 사건, 재앙

9.
(A) 합병하다, 강화하다
(B) 상담
(C) 추측(하다)
(D) 전달하다, 운반하다
(E) 유죄판결, 확신

10.
(A) 연회의, 친목적인
(B) 경련
(C) 닭장
(D) 음악, 예술학교
(E) 아주 풍부한

NEARCAPE ADVANCED WORDS 650

	WORDS	MEANING		WORDS	MEANING
601	coquette	날라리	626	crass	세련되지 못한
602	cord	장작의 평수	627	craven	겁 많은, 소심한
603	cordon	경계선	628	craving	강한 갈망, 열망
604	cornucopia	풍요	629	credence	신용
605	coronation	대관식	630	creek	시냇물
606	corporeal	실체적인	631	creep	서행하다, 잠입하다
607	corral	목장	632	crescendo	점점 세어지기(음악)
608	corroborate	확증하다	633	crest	마루(파도의 정점)
609	corrosive	부식제	634	crestfallen	기죽은, 낙심한
610	cosmopolitan	보편적인, 편견 없는	635	criteria	규준
611	cosset	애지중지하다	636	cronyism	연줄(친구 등용)
612	coterie	공통의 취미, 흥미를 가진 그룹	637	croon	흥얼거리다
613	countenance	찬성, 지지하다	638	crop	떼거지
614	counterfeit	위조, 가짜	638	crouch	웅크리다, 굽실거리다
615	counterpart	사본	640	crown	왕위에 오르다
616	couplet	2행 연구	641	crucial	결정적인
617	court	아첨, 구애(하다)	642	crude	조잡한
618	courtesy	예의	643	crutch	목발, 버팀대
619	coven	13인의 마녀단	644	crux	(문제해결의) 핵심
620	covetous	탐욕스러운	645	cryptic	비밀의
621	cow	위협하다	646	cuisine	요리
622	cowardice	비겁	647	culpable	비난받아 마땅한
623	cower	움츠리다	648	cultivate	장려하다
624	craft	능숙	649	cultivated	교양 있는, 재배된
625	cramp	비좁은, 속박시키다	650	cumbersome	(육중해서) 다루기 힘든

NEARCAPE ADVANCED WORDS 700

	WORDS	MEANING		WORDS	MEANING
651	cunning	교묘한, 교활한	676	deadpan	무표정한 얼굴
652	curative	치유의	677	dearth	부족, 결핍
653	curator	박물관장	678	debase	(가치, 품위) 떨어뜨리다
654	curmudgeon	심술궂은 사람	679	debilitate	약하게 하다
655	cursory	엉성한, 겉핥기의	680	debris	파편조각
656	curt	간략한, 퉁명스런	681	debunk	(거짓) 정체를 폭로하다
657	curtail	생략하다	682	debut	데뷔
658	cyclone	대 폭풍 (단위)	683	decadence	쇠퇴, 타락
659	cynical	냉소적인, 의심하는	684	decant	(액체를) 가만히 따르다
660	dabble	(장난삼아) 해보다	685	decentralize	(중앙의 기능을) 분산시키다
661	daft	어리석은, 정신이상의	686	decibel	데시벨
662	daguerreotype	은판 사진법	687	decipher	암호를 풀다
663	dally	희롱하다	688	decode	암호를 풀다
664	damp	물기, 축축한, 약화시키다	689	decorum	적절함, 예의바름
665	dander	화	690	decrepit	쇠약한, 노쇠한
666	dandy	멋쟁이	691	dedication	헌신, 전념
667	dank	축축한	692	default	채무불이행하다
668	dapper	깔끔한	693	defer	존중하다, 따르다
669	dappled	얼룩덜룩한	694	deficiency	부족, 결핍
670	daredevil	앞뒤 안 가리는, 무모한 사람	695	defile	더럽히다, 좁은 길
671	dart	날쌔게 움직이다	696	defoliant	고엽제
672	daunt	위협하다	697	defraud	속여서 빼앗다
673	dawdle	꾸물대다, 빈둥거리다	698	deft	손재주 좋은, 솜씨 좋은
674	deactivate	효력을 없애다, 비활성화하다	699	defuse	(긴장) 을 완화시키다
675	deaden	무감각하게하다	700	defy	(공공연하게) 반대하다

NEARCAPE ADVANCED WORDS TEST 650

1.
(A) 날라리
(B) 장작의 평수
(C) 경계선
(D) 풍요
(E) 실체적인

2.
(A) 목장
(B) 확증하다
(C) (육중해서) 다루기 힘든
(D) 부식제
(E) 보편적인, 편견 없는

3.
(A) 애지중지하다
(B) 찬성, 지지하다
(C) 겁 많은, 소심한
(D) 2행 연구
(E) 아첨, 구애(하다)

4.
(A) 조잡한
(B) 예의
(C) 요리
(D) 기죽은, 낙심한
(E) 능숙

5.
(A) 비겁
(B) 움츠리다
(C) 연출 (친구 등용)
(D) 세련되지 못한
(E) 왕위에 오르다

6.
(A) (문제해결의) 핵심
(B) 서행하다, 잠입하다
(C) 13인의 마녀단
(D) 사본
(E) 위협하다

7.
(A) 마루(파도의 정점)
(B) 비좁은, 속박시키다
(C) 시냇물
(D) 흥얼거리다
(E) 점점 세어지기 (음악)

8.
(A) 떼거지
(B) 탐욕스러운
(C) 웅크리다, 굽실거리다
(D) 결정적인
(E) 목발, 버팀대

9.
(A) 비밀의
(B) 위조, 가짜
(C) 규준
(D) 신용
(E) 강한 갈망, 열망

10.
(A) 비난받아 마땅한
(B) 장려하다
(C) 공통의 취미, 흥미를 갖은 그룹
(D) 대관식
(E) 교양 있는, 재배된

NEARCAPE ADVANCED WORDS TEST 700

1.
(A) 멋쟁이
(B) 치유의
(C) 얼룩덜룩한
(D) 심술궂은 사람
(E) 엉성한, 겉핥기의

2.
(A) 생략하다
(B) 깔끔한
(C) 대폭풍 (단위)
(D) 냉소적인, 의심하는
(E) 날쌔게 움직이다

3.
(A) 위협하다
(B) 어리석은, 정신이상의
(C) 희롱하다
(D) 화
(E) (공공연하게) 반대하다

4.
(A) 간략한, 퉁명스런
(B) 앞뒤 안 가리는, 무모한 사람
(C) 박물관장
(D) 은판 사진법
(E) 꾸물대다, 빈둥거리다

5.
(A) 효력을 없애다, 비활성화하다
(B) (장난삼아) 해보다
(C) 축축한
(D) 무감각하게 하다
(E) 무표정한 얼굴

6.
(A) 부족, 결핍
(B) (가치, 품위) 떨어뜨리다
(C) 약하게 하다
(D) 파편조각
(E) (거짓) 정체를 폭로하다

7.
(A) 데뷔
(B) 쇠퇴, 타락
(C) (액체를) 가만히 따르다
(D) (중앙의 기능을) 분산시키다
(E) 데시벨

8.
(A) 암호를 풀다
(B) 암호를 풀다
(C) 적절함, 예의바름
(D) 쇠약한, 노쇠한
(E) 헌신, 전념

9.
(A) 채무불이행하다
(B) 존중하다, 따르다
(C) 부족, 결핍
(D) 더럽히다, 좁은 길
(E) 고엽제

10.
(A) 속여서 빼았다
(B) 물기, 축축한, 약화시키다
(C) 손재주 좋은, 솜씨 좋은
(D) (긴장을) 완화시키다
(E) 교묘한, 교활한

NEARCAPE ADVANCED WORDS 750

	WORDS	MEANING		WORDS	MEANING
701	dehydrate	건조시키다, 탈수하다	726	depart	떠나다
702	deification	신격화	727	depict	서술, 묘사하다
703	deject	낙담시키다	728	deplete	고갈시키다
704	deleterious	해로운, 유해한	729	deplore	애통해하다, 유감으로 생각하다
705	deliberate	신중한	730	deploy	전개하다, 배치하다
706	delicacy	섬세, 연약함	731	deportation	국외추방
707	delinquent	태만한	732	depose	증언하다
708	delirium	의식의 혼란, 광란	733	deposit	퇴적물
709	delude	속이다, 착각하다	734	depravity	타락, 부패
710	deluge	대홍수	735	deprecate	비난하다, 헐뜯다
711	delve	깊이 파고들다	736	depreciate	가치를 저하시키다
712	demagogue	선동가	737	depress	억누르다, 기를 꺾다
713	demise	사망	738	deprivation	박탈, 손실
714	demography	인구학	739	deracinate	근절시키다
715	demolition	폐허	740	derelict	태만한, 낙오자
716	demoralize	기를 꺾다, 당황하게하다	741	deride	조롱하다
717	demotic	민중의	742	derivative	파생된, 진부한
718	demur	반대하다, 이의를 제기하다	743	derogatory	헐뜯는
719	demystify	신비성을 제거하다, 계몽하다	744	descendant	자손
720	den	굴	745	desecrate	신성모독하다
721	denigrate	헐뜯다, 모욕하다	746	desert	버리다
722	denouement	대단원	747	desiccate	건조시키다
723	denounce	비난하다	748	designate	~라 부르다
724	denude	발가벗기다	749	despair	절망
725	denunciation	탄핵, 공공연한 비난	750	despicable	경멸할만한

NEARCAPE ADVANCED WORDS 800

	WORDS	MEANING		WORDS	MEANING
751	despondent	기가 죽은, 낙담한	776	dilate	팽창시키다
752	dessert	디저트	777	dilatory	꾸물거리는
753	detach	분리하다	778	dilettante	아마추어
754	detain	구류시키다	779	diligent	근면한
755	deter	단념시키다, 방해하다	780	dilute	희석시키다
756	detestable	혐오할만한	781	din	소음
757	detract	비난하다	782	dingus	거시기
758	detritus	파편	783	dingy	칙칙한, 초라한
759	detour	우회하다	784	diocesan	교구의, 편협한
760	deviation	일탈	785	dire	무시무시한, 비참한
761	devise	고안하다	786	dirge	장송가
762	devoted	헌신적인, 몰두한	787	disabuse	그릇된 생각에서 깨닫게 하다
763	devout	독실한	788	disaffected	불만을 품은
764	dexterous	솜씨 좋은, 교묘한	789	disaggregate	분해하다
765	diabolic	악마적인	790	disagreeable	불쾌한
766	diagnose	진단하다	791	disarm	적개심을 없애다, 누그러뜨리다
767	diaphanous	투명에 가까운, 애매하고 내용 없는	792	disavow	부인하다
768	diatribe	혹평	793	discard	버리다, 해고하다
769	didactic	교훈적인	794	discerning	통찰력 있는
770	diehard	끝 까지 버티는 사람	795	discharge	해고하다
771	diffident	자신 없는, 소심한	796	disclaim	거부하다
772	digit	손(발) 가락, 아라비아숫자	797	discography	(장르 작곡가 연주가별의) 음반목록
773	dignity	존엄, 위풍당당	798	discomfit	당황하게 하다
774	digress	주제에서 벗어나다	799	discommode	불편하게 하다
775	dilapidate	황폐하게 되다	800	discompose	불안하게 하다

1.
(A) 건조시키다, 탈수하다
(B) 낙담시키다
(C) 해로운, 유해한
(D) 신중한
(E) 반대하다, 이의를 제기하다

2.
(A) 의식의 혼란, 광란
(B) 속이다, 착각하다
(C) 대홍수
(D) 헐뜯다, 모욕하다
(E) 대단원

3.
(A) 선동가
(B) 사망
(C) 인구학
(D) 폐허
(E) 섬세, 연약함

4.
(A) 민중의
(B)) 굴
(C) 기를 꺾다, 당황하게하다
(D) 비난하다
(E) 발가벗기다

5.
(A) 깊이 파고들다
(B) 태만한
(C) 탄핵, 공공연한 비난
(D) 건조시키다
(E) 떠나다

6.
(A) 서술, 묘사하다
(B) 고갈시키다
(C) 애통해하다, 유감으로 생각하다
(D) 전개하다, 배치하다
(E) 국외추방

7.
(A) 증언하다
(B) 퇴적물
(C) 타락, 부패
(D) 비난하다, 헐뜯다
(E) 가치를 저하시키다

8.
(A) 억누르다, 기를 꺾다
(B) 박탈, 손실
(C) 근절시키다
(D) 태만한, 낙오자
(E) 조롱하다

9.
(A) 파생된, 진부한
(B) 헐뜯는
(C) 자손.
(D) 신성모독하다
(E) 신비성을 제거하다, 계몽하다

10.
(A) 버리다
(B) ~라 부르다
(C) 절망
(D) 신격화
(E) 경멸할만한

NEARCAPE ADVANCED WORDS TEST 800

1.
(A) 디저트
(B) 진단하다
(C) 분리하다
(D) 거부하다
(E) 혹평

2.
(A) 혐오할만한
(B) 비난하다
(C) 파편
(D) 끝까지 버티는 사람
(E) 자신 없는, 소심한

3.
(A) 고안하다
(B) 헌신적인, 몰두한
(C) 독실한
(D) 솜씨 좋은, 교묘한
(E) 구류시키다

4.
(A) 투명에 가까운, 애매하고 내용 없는
(B) 교훈적인
(C) 악마적인
(D) 해고하다
(E) 손(발)가락, 아라비아숫자

5.
(A) 불편하게 하다
(B) 그릇된 생각에서 깨닫게 하다
(C) 희석시키다
(D) 황폐하게 되다
(E) 팽창시키다

6.
(A) 분해하다
(B) 아마추어
(C) 버리다, 해고하다
(D) 당황하게 하다
(E) 소음

7.
(A) 칙칙한, 초라한
(B) 교구의, 편협한
(C) 주제에서 벗어나다
(D) 무시무시한, 비참한
(E) 장송가

8.
(A) 일탈
(B) 불쾌한
(C) 거시기, 장치
(D) 적개심을 없애다, 누그러뜨리다
(E) 단념시키다, 방해하다

9.
(A) 부인하다
(B) 통찰력있는
(C) (장르작곡가연주가별의) 음반목록
(D) 우회하다
(E) 꾸물거리는

10.
(A) 불만을 품은
(B) 존엄, 위풍당당
(C) 근면한
(D) 기가죽은, 낙담한
(E) 불안하게 하다

NEARCAPE ADVANCED WORDS 850

	WORDS	MEANING		WORDS	MEANING
801	discord	불일치, 불협화음	826	disposal	처분
802	discourse	담화	827	disquiet	평정을 잃게 하다
803	discrepancy	모순, 불일치	828	disrupt	붕괴시키다
804	discretion	분별, 신중	829	dissect	해부하다
805	discretionary	임의의, 자유재량의	830	dissemble	가장하다, 숨기다
806	discriminate	식별하다	831	disseminate	흩뿌리다
807	discursive	산만한, 두서없는	832	dissension	의견불일치
808	disdain	경멸	833	dissent	의견을 달리하다
809	disembark	하선하다	834	dissertation	박사논문
810	disengage	해방시키다	835	dissipate	흩뜨리다, 탕진하다
811	disgorge	토해내다	836	dissociate	관계를 끊다
812	disgruntle	불만 품게 하다, 언짢게 하다	837	dissolute	방탕한
813	disguise	변장하다, 가장하다	838	dissolve	용해하다
814	disgust	역겨워하다	839	dissonance	불일치
815	dishevel	난잡하게 하다	840	dissuade	단념시키다
816	disinclination	싫증, 마음이 안 내킴	841	distillation	증류
817	disinfect	소독하다, 살균하다	842	distinction	구별, 명성
818	disinterested	사심 없는, 공평한	843	distinguished	뛰어난
819	disjunctive	분리성의	844	distort	왜곡하다
820	dismantle	분해하다	845	distract	산만하게 하다
821	dismiss	기각하다	846	distraught	몹시 동요된, 미칠 지경인
822	disparage	헐뜯다, 비난하다	847	ditch	도랑
823	disparate	본질적으로 다른	848	ditty	짤막한 노래
824	dispassionate	공평한, 감정에 좌우되지 않는	849	diumal	주간의
825	dispatch	급송, 급파하다	850	diverge	분기하다, 벗어나다

NEARCAPE ADVANCED WORDS 900

	WORDS	MEANING		WORDS	MEANING
851	divert	딴 데로 돌리다	876	dreary	음울한
852	divestiture	박탈	877	drivel	쓸데없는 말을 해대다
853	divulge	폭로하다	878	drizzle	이슬비
854	doctrine	교리, 주의	879	droll	우스꽝스런
855	dodder	비틀거리다	880	droplet	작은 물방울
856	doff	벗다	881	drudgery	고역
857	dogged	완고한, 끈질긴	882	dry	나무·숲의 요정
858	doggerel	광시	883	dubious	의심스런
859	doggo	숨어서	884	dulcet	감미로운
860	dogma	교리, 정설	885	dull	둔한, 지루한
861	doldrums	열대 무풍지대, 침체	886	dullard	얼간이
862	dolorous	비통한	887	dupe	잘 속는 사람
863	dolt	얼뜨기	888	dwelling	주거
864	domination	지배	889	dynamo	발전기
865	domineering	횡포의	890	dyspeptic	화 잘 내는
866	don	입다, 모자를 쓰다	891	eaglet	독수리 새끼
867	donor	기증자	892	earnest	진지한
868	doodle	무의미한 낙서를 끄적거리다	893	earplug	귀마개
869	dose	1회 복용량, 복용시키다	894	earshot	청음거리
870	dour	뚱한, 가혹한, 고집 센	895	earsplitting	귀청이 찢어질 듯한
871	downpour	억수 같은 비	896	ebullience	넘치는 정열
872	doyen	고참자	897	eccentric	괴짜
873	draconian	가혹한, 엄격한	898	echelon	지휘계층
874	drawl	느리게 말하다	899	eclat	대성공
875	drawdrel	(사람, 주의, 흥미)를 끌다	900	eclectic	취사선택의

NEARCAPE ADVANCED WORDS TEST 850

1.
(A) 불일치, 불협화음
(B) 담화
(C) 모순, 불일치
(D) 사심없는, 공평한
(E) 산만한, 두서없는

2.
(A) 경멸
(B) 하선하다
(C) 분해하다
(D) 기각하다
(E) 해방시키다

3.
(A) 토해내다
(B) 불만품게 하다, 언짢게 하다
(C) 역겨워하다
(D) 분별, 신중
(E) 증류

4.
(A) 소독하다, 살균하다
(B) 산만하게 하다
(C) 의견을 달리하다
(D) 처분
(E) 몹시 동요된, 미칠 지경인

5.
(A) 식별하다
(B) 흩뜨리다, 탕진하다
(C) 싫증, 마음이 안 내킴
(D) 불일치
(E) 뛰어난

6.
(A) 평정을 잃게하다
(B) 해부하다
(C) 가장하다, 숨기다
(D) 본질적으로 다른
(E) 흩뿌리다

7.
(A) 의견불일치
(B) 난잡하게 하다
(C) 관계를 끊다
(D) 붕괴시키다
(E) 방탕한

8.
(A) 헐뜯다, 비난하다
(B) 용해하다
(C) 단념시키다
(D) 구별, 명성
(E) 왜곡하다

9.
(A) 공평한, 감정에 좌우되지 않는
(B) 박사 논문
(C) 분리성의
(D) 급송, 급파하다
(E) 도랑

10.
(A) 짧막한 노래
(B) 임의의, 자유재량의
(C) 주간의
(D) 변장하다, 가장하다
(E) 분기하다, 벗어나다

35

NEARCAPE ADVANCED WORDS TEST 900

1.
(A) 딴 데로 돌리다
(B) 박탈
(C) 폭로하다
(D) 교리, 주의
(E) 벗다

2.
(A) 둔한, 가혹한, 고집 센
(B) 숨어서
(C) 교리, 정설
(D) 열대 무풍지대, 침체
(E) 고참자

3.
(A) 가혹한, 엄격한
(B) 얼뜨기
(C) 지배
(D) 횡포의
(E) 입다, 모자를 쓰다

4.
(A) 취사선택의
(B) 1회 복용량, 복용시키다
(C) 청음 거리
(D) 억수 같은 비
(E) 괴짜

5.
(A) 얼간이
(B) 우스꽝스런
(C) 완고한, 끈질긴
(D) 음울한
(E) 주거

6.
(A) 쓸데없는 말을 해대다
(B) 진지한
(C) 귀청이 찢어질 듯한
(D) 작은 물방울
(E) 나무·숲의 요정

7.
(A) 의심스런
(B) 비통한
(C) 감미로운
(D) 둔한, 지루한
(E) 느리게 말하다

8.
(A) 발전기
(B) 고역
(C) 화 잘 내는
(D) (사람, 주의, 흥미)를 끌다
(E) 독수리 새끼

9.
(A) 귀마개
(B) 광시
(C) 넘치는 정열
(D) 무의미한 낙서를 끄적거리다
(E) 잘 속는 사람

10.
(A) 기증자
(B) 이슬비
(C) 지휘계층
(D) 비틀거리다
(E) 대성공

NEARCAPE ADVANCED WORDS 950

	WORDS	MEANING		WORDS	MEANING
901	eclipse	명예의 실추	926	emancipate	해방하다
902	ecumenical	전세계기독교의, 보편적인	927	embargo	통상금지
903	edifice	대 건축물	928	embark	착수하다
904	efface	눈에 띄지 않게 하다	929	embarrass	난처하게 만들다
905	effervesce	열광하다, 거품이 일다	930	embed	깊이 새겨두다
906	effete	활기 없는	931	embolden	대담해지다
907	effluvium	부산물	932	embrace	포옹, 받아들이다
908	effulgent	눈부신	933	emigrate	이민하다
909	effusive	지나치게 감정적인, 분출하는	934	eminence	저명
910	egocentric	자기중심의	935	emollient	(피부) 연화제
911	elaborate	정교한, 자세히 설명하다	936	emphasis	강조
912	elastic	탄력 있는	937	emulate	필적하다, 열심히 모방하다
913	elated	의기양양한	938	enact	제정하다
914	eleemosynary	자선의	939	enamel	치과용 에나멜질
915	elegant	품위 있는	940	enclosure	울타리
916	elegy	애가	941	encomium	찬사
917	elephantine	거대한	942	encompass	포위하다
918	elevate	승진시키다	943	encounter	조우
919	elicit	이끌어내다	944	encumbrance	방해물
920	elitism	엘리트주의	945	encyclopedia	백과사전
921	ellipsis	생략	946	endorse	승인하다, 배서하다
922	elliptical	알기 어려운	947	enduring	영구적인
923	elongate	연장하다	948	enervate	약화시키다
924	elucidate	명료하게 설명하다	949	enfeeble	약화시키다
925	emanate	발산하다	950	enfranchise	참정권을 주다, 해방하다

NEARCAPE ADVANCED WORDS 1000

	WORDS	MEANING		WORDS	MEANING
951	engender	야기 시키다	976	equable	한결같은
952	engross	몰두시키다	977	equipoise	균형
953	enigmatic	수수께끼 같은	978	equity	공평, 공정
954	enlighten	계몽하다	979	equivocal	애매한
955	ennoble	고상하게 하다	980	erect	똑바로 선, 세우다
956	ennui	권태, 따분함	981	erode	침식하다
957	enslave	예속시키다	982	errant	벗어난, 방황하는
958	ensuing	뒤이어 일어나는	983	erratic	변덕스런, 괴이한
959	entangle	뒤얽히게 하다	984	erudite	박식한
960	enthusiasm	열정	985	escalate	단계적으로 확대하다
961	entice	유혹, 선동하다	986	eschew	(행위 등을) 삼가다
962	entrance	황홀하게 하다	987	esoteric	난해한, 비전의
963	entrap	함정에 빠뜨리다	988	espouse	신봉하다, 지지하다
964	entreaty	간청, 탄원	989	ecstatic	황홀경에 빠진
965	entry	기재사항	990	esteem	존경, 존중
966	enumerate	열거하다	991	estimable	존경할만한
967	enunciate	명확히 말하다	992	estrange	이간시키다
968	envision	상상하다	993	etch	식각(하다)
969	ephemeral	덧없는	994	ethereal	무형의, 천상의
970	epic	웅장한, 영웅적인	995	ethics	윤리학
971	epicure	미식가	996	eulogize	찬양하다
972	epigram	경구	997	euphemism	완곡어법
973	epilogue	결말	998	euphonious	듣기 좋은
974	epistemology	인식론	999	euphoria	행복감
975	epitomize	요약하다	1000	evacuate	철수하다, 피난시키다

1.
(A) 명예의 실추
(B) 전 세계 기독교의, 보편적인
(C) 대건축물
(D) 열광하다, 거품이 일다
(E) 참정권을 주다, 해방하다

2.
(A) 활기없는
(B) 부산물
(C) 알기 어려운
(D) 정교한, 자세히 설명하다
(E) 탄력있는

3.
(A) 의기양양한
(B) 명료하게 설명하다
(C) 발산하다
(D) 울타리
(E) 품위있는

4.
(A) 방해물
(B) 포옹, 받아들이다
(C) 자선의
(D) 생략
(E) 연장하다

5.
(A) 저명
(B) 해방하다
(C) 제정하다
(D) 포위하다
(E) 자기중심의

6.
(A) 엘리트주의
(B) 난처하게 만들다
(C) 눈부신
(D) 깊이 새겨두다
(E) 대담해지다

7.
(A) 거대한
(B) (피부) 연화제
(C) 착수하다
(D) 강조
(E) 승진시키다

8.
(A) 필적하다, 열심히 모방하다
(B) 치과용 에나멜질
(C) 찬사
(D) 조우
(E) 이끌어내다

9.
(A) 이민하다
(B) 애가
(C) 통상금지
(D) 지나치게 감정적인, 분출하는
(E) 백과사전

10.
(A) 승인하다, 배서하다
(B) 영구적인
(C) 약화시키다
(D) 눈에 띄지 않게 하다
(E) 약화시키다

NEARCAPE ADVANCED WORDS TEST 1000

1.
(A) 몰두시키다
(B) 수수께끼같은
(C) 계몽하다
(D) 고상하게 하다
(E) 권태, 따분함

2.
(A) 예속시키다
(B) 철수하다, 피난시키다
(C) 경구
(D) 열정
(E) 황홀하게 하다

3.
(A) 함정에 빠뜨리다
(B) 인식론
(C) 요약하다
(D) 기재사항
(E) 열거하다

4.
(A) 명확히 말하다
(B) 식각(하다)
(C) 상상하다
(D) 찬양하다
(E) 단계적으로 확대하다

5.
(A) 웅장한, 영웅적인
(B) 한결같은
(C) 균형
(D) 난해한, 비전의
(E) 뒤얽히게하다

6.
(A) 존경할만한
(B) 윤리학
(C) 애매한
(D) 침식하다
(E) 벗어난, 방황하는

7.
(A) 덧없는
(B) 변덕스런, 괴이한
(C) 박식한
(D) 미식가
(E) 신봉하다, 지지하다

8.
(A) 똑바로 선, 세우다
(B) 황홀경에 빠진
(C) 결말
(D) 존경, 존중
(E) 이간시키다

9.
(A) 무형의, 천상의
(B) 유혹, 선동하다
(C) 간청, 탄원
(D) (행위 등을) 삼가다
(E) 뒤이어 일어나는

10.
(A) 공평, 공정
(B) 완곡어법
(C) 듣기좋은
(D) 야기시키다
(E) 행복감

NEARCAPE ADVANCED WORDS 1050

	WORDS	MEANING		WORDS	MEANING
1001	evade	회피하다	1026	exhortation	간곡한 권고
1002	evanescent	순간의, 덧없는	1027	exodus	대탈출
1003	evasive	책임회피의	1028	exonerate	무죄임을 증명하다
1004	everlasting	영속적인	1029	exorbitant	과대한, 터무니없는
1005	evict	퇴거시키다	1030	exotic	이국적인, 흥미를 끌 정도로 색다른
1006	evoke	불러일으키다	1031	expansive	개방적인
1007	exacerbate	악화하다	1032	expedite	촉진시키다
1008	exacting	요구가 가혹한	1033	expedition	신속
1009	exaggerate	과장하다	1034	explicate	명쾌한 설명을 하다
1010	exalt	(지위, 명성) 높이다, 칭찬하다	1035	explicit	명백한, 숨김없는
1011	exasperate	분개시키다	1036	exponent	주창자
1012	exceptional	예외적인	1037	expurgate	(검열하여) 삭제하다
1013	excerpt	발췌록	1038	extant	현존하는
1014	exclaim	(감탄, 흥분하여) 외치다	1039	extemporize	즉흥적으로 하다
1015	excoriate	심하게 비난하다	1040	extenuate	경감하다, 정상을 참작하다
1016	excrete	배설하다, 분비하다	1041	exterminate	근절하다
1017	exculpate	무죄로 하다	1042	extinct	멸종된
1018	excursive	본론에서 벗어난	1043	extinguish	끄다
1019	execrate	혐오하다, 저주하다	1044	extol	격찬하다
1020	execute	실행하다	1045	extort	강제로 탈취하다
1021	exemplary	모방할만한	1046	extraneous	관계없는, 이질적인
1022	exempt	면제하다	1047	extravagant	낭비하는, 터무니없는
1023	exert	애쓰다, 발휘하다	1048	extricate	(난국) 에서 구출하다
1024	exhaust	다 써버리다, 철저히 규명하다	1049	extrovert	외향적인 사람
1025	exhilarate	기분을 들뜨게 하다	1050	exuberant	풍부한, 기분 좋은

NEARCAPE ADVANCED WORDS 1100

	WORDS	MEANING		WORDS	MEANING
1051	exude	스며 나오다	1076	faze	당황하게 하다, 풀죽게 하다
1052	exultant	크게 기뻐하는	1077	feckless	무능한, 무책임한
1053	fable	우화	1078	fecund	다산의
1054	fabricate	조작하다	1079	feeble	연약한
1055	facetious	진지하지 않은, 우스꽝스런	1080	fender	완충장치
1056	facile	피상적인, 손쉬운	1081	feral	야생의
1057	facilitate	용이하게 하다	1082	fertilize	비옥하게 하다
1058	faction	파당	1083	fervid	열정적인
1059	faint	희미한, 활기 없는	1084	fervor	열정
1060	fainthearted	소심한	1085	fetid	악취가 나는
1061	fallacy	그릇된 생각, 궤변	1086	fetter	속박(하다)
1062	falsehood	허위	1087	fiasco	대실패
1063	falter	주저하다	1088	fictitious	허구의
1064	fantasy	공상, 환상	1089	fidelity	충실, 충성
1065	farce	익살 광대극	1090	figurative	비유적인
1066	fascinate	매혹하다	1091	filibuster	의사진행 방해
1067	fast	단식, 고정된, 요새	1092	filigree	선세공
1068	fasten	잠그다	1093	filly	암 망아지
1069	fastidious	까다로운	1094	filter	여과기
1070	fateful	결정적으로 중요한	1095	finesse	솜씨, 술책
1071	fathom	간파하다, 수심을 재다	1096	finicky	몹시 까다로운(비꼬는 투로)
1072	fatigue	피로	1097	flaccid	축 늘어진, 연약한
1073	factitious	억지로 하는	1098	flagging	축 늘어진
1074	fatuous	얼빠진, 바보의	1099	flamboyant	화려한, 현란한
1075	fawn	알랑거리다, 새끼사슴	1100	flange	가장자리

NEARCAPE ADVANCED WORDS TEST 1050

1.
(A) 회피하다
(B) 순간의, 덧없는
(C) 관계없는, 이질적인
(D) 본론에서 벗어난
(E) 불러일으키다

2.
(A) 요구가 가혹한
(B) 과장하다
(C) 실행하다
(D) 모방할만한
(E) 분개시키다

3.
(A) 예외적인
(B) 발췌록
(C) 즉흥적으로 하다
(D) (감탄, 흥분하여) 외치다
(E) 끄다

4.
(A) 개방적인
(B) 배설하다, 분비하다
(C) 면제하다
(D) 애쓰다, 발휘하다
(E) 신속

5.
(A) 퇴거시키다
(B) (검열하여) 삭제하다
(C) 근절하다
(D) 기분을 들뜨게 하다
(E) 대탈출

6.
(A) 무죄임을 증명하다
(B) 심하게 비난하다
(C) 과대한, 터무니없는
(D) 이국적인, 흥미를 끌 정도로 색다른
(E) 무죄로 하다

7.
(A) 명쾌한 설명을 하다
(B) 간곡한 권고
(C) 명백한, 숨김없는
(D) 혐오하다, 저주하다
(E) 주창자

8.
(A) 현존하는
(B) 경감하다, 정상을 참작하다
(C) 멸종된
(D) (지위, 명성) 높이다, 칭찬하다
(E) 촉진시키다

9.
(A) 책임회피의
(B) 다 써버리다, 철저히 규명하다
(C) 격찬하다
(D) 강제로 탈취하다
(E) 낭비하는, 터무니없는

10.
(A) 영속적인
(B) (난국)에서 구출하다
(C) 악화하다
(D) 외향적인 사람
(E) 풍부한, 기분만빵인

NEARCAPE ADVANCED WORDS TEST 1100

1.
(A) 크게 기뻐하는
(B) 우화
(C) 조작하다
(D) 잠그다
(E) 축 늘어진

2.
(A) 파당
(B) 희미한, 활기없는
(C) 결정적으로 중요한
(D) 간파하다, 수심을 재다
(E) 그릇된 생각, 궤변

3.
(A) 허위
(B) 주저하다
(C) 공상, 환상
(D) 피상적인, 손쉬운
(E) 단식, 고정된, 요새

4.
(A) 솜씨, 술책
(B) 선 세공
(C) 당황하게 하다, 풀죽게 하다
(D) 피로
(E) 여과기

5.
(A) 용이하게 하다
(B) 얼빠진, 바보의
(C) 연약한
(D) 알랑거리다, 새끼사슴
(E) 의사 진행방해

6.
(A) 악취가 나는
(B) 다산의
(C) 야생의
(D) 소심한
(E) 무능한, 무책임한

7.
(A) 비옥하게 하다
(B) 열정적인
(C) 몹시 까다로운(비꼬는 투로)
(D) 허구의
(E) 완충장치

8.
(A) 억지로 하는
(B) 열정
(C) 충실, 충성
(D) 암 망아지
(E) 매혹하다

9.
(A) 익살 광대극
(B) 속박(하다)
(C) 대실패
(D) 까다로운
(E) 비유적인

10.
(A) 스며 나오다
(B) 축 늘어진, 연약한
(C) 진지하지 않은, 우스꽝스런
(D) 화려한, 현란한
(E) 가장자리

NEARCAPE ADVANCED WORDS 1150

	WORDS	MEANING		WORDS	MEANING
1101	flannel	플란넬 천	1126	folly	어리석음
1102	flatter	아첨하다	1127	foment	조장하다
1103	flaw	흠	1128	fondness	애정
1104	flax	아마섬유	1129	foolhardy	무모한
1105	fledge	깃털이 나다	1130	footloose	속박 없는
1106	fleeting	순식간의	1131	forebear	선조
1107	flexible	나긋나긋한	1132	forbidding	무서운
1108	flit	휙 움직이다	1133	ford	건널 수 있는 얕은 곳
1109	flinch	움찔하다, 뒤로 물려 삼가다	1134	forestry	임학
1110	flint	부싯돌	1135	forgery	위조
1111	flippancy	경솔함, 무례함	1136	formidable	무시무시한, 경외스런
1112	flirt	날라리	1137	forthright	솔직한, 똑바른
1113	flit	경쾌하게 움직이다	1138	fortify	강화하다
1114	flock	짐승의 떼	1139	foster	조장하다
1115	flounder	허둥대다, 실수하다	1140	founder	가라앉다
1116	flourish	번창하다	1141	foundry	주물공장
1117	flout	모욕하다, 경멸하다	1142	fracture	부서지다
1118	fluctuate	동요하다	1143	fragile	잘 부숴 지는
1119	fluent	유창한	1144	fraudulent	사기의
1120	flush	왈칵 물을 흘리다	1145	freewheel	자유롭게 행동하다
1121	fluster	당황하게 하다	1146	frenetic	열광적인
1122	fluvial	하천의	1447	frenzy	격분, 광란
1123	foible	사소한 약점, 결점	1148	fresco	프레스코벽화
1124	foil	박판, 좌절시키다	1149	friable	부서지기 쉬운
1125	foliage	군엽	1150	friction	마찰

NEARCAPE ADVANCED WORDS 1200

	WORDS	MEANING		WORDS	MEANING
1151	frieze	(벽) 프리즈장식	1176	gangling	빼빼마른
1152	frigid	몹시 추운	1177	garble	왜곡하다
1153	frivolous	경솔한, 하찮은	1178	garish	지나치게 화려한
1154	frothy	거품의, 실속 없는	1179	garment	의복
1155	frowzy	지저분한, 케케묵은	1180	garner	~을 긁어모으다
1156	frugal	절약하는, 검소한	1181	garrulous	수다스런
1157	frustrate	좌절시키다	1182	gash	깊은 상처
1158	full-bodied	맛좋은	1183	gasification	가스화
1159	fulminate	맹렬히 비난하다	1184	gauche	투박한
1160	fungi	균류	1185	gaudy	화려한
1161	furnace	노	1186	gauge	측정하다
1162	furor	열광, 격노	1187	gear	기어
1163	furtive	은밀한	1188	genealogy	계보
1164	fuss	까탈스럽다, 야단법석하다	1189	generality	보편성
1165	fusty	케케묵은	1190	genial	온화한
1166	futility	무익	1191	genteel	품위 있는
1167	gadfly	귀찮은 사람, 줄기차게 자극하는 사람	1192	genuine	진짜의, 순진한
1168	gaffe	외교상의 실수, 결례	1193	germane	적절한
1169	gainsay	부정, 반대하다	1194	gesture	몸짓
1170	gait	걸음걸이	1195	ghastly	소름끼치는
1171	galaxy	은하수	1196	giddy	경솔한
1172	galling	짜증나게 하는	1197	ginger	생강
1173	galvanize	자극하다	1198	glacier	빙하
1174	gamble	이판사판 모험하다	1199	glamorize	미화하다
1175	gambol	까불며 뛰어다니다	1200	glance	힐긋 봄

46

NEARCAPE ADVANCED WORDS TEST 1150

1.
(A) 플란넬 천
(B) 아첨하다
(C) 흠
(D) 순식간의
(E) 부서지기 쉬운

2.
(A) 나긋나긋한
(B) 유창한
(C) 왈칵 물을 흘리다
(D) 움찔하다, 뒤로 물려 삼가다
(E) 부싯돌

3.
(A) 날라리
(B) 경쾌하게 움직이다
(C) 모욕하다, 경멸하다
(D) 번창하다
(E) 동요하다

4.
(A) 짐승의 떼
(B) 무모한
(C) 하천의
(D) 부서지다
(E) 휙 움직이다

5.
(A) 임학
(B) 깃털이 나다
(C) 사소한 약점, 결점
(D) 위조
(E) 허둥대다, 실수하다

6.
(A) 박판, 좌절시키다
(B) 군엽
(C) 어리석음
(D) 자유롭게 행동하다
(E) 조장하다

7.
(A) 프레스코벽화
(B) 애정
(C) 속박 없는
(D) 선조
(E) 당황하게 하다

8.
(A) 무서운
(B) 건널 수 있는 얕은 곳
(C) 무시무시한, 경외스런
(D) 조장하다
(E) 경솔함, 무례함

9.
(A) 주물공장
(B) 잘 부숴지는
(C) 강화하다
(D) 사기의
(E) 가라앉다

10.
(A) 열광적인
(B) 솔직한, 똑바른
(C) 격분, 광란
(D) 아마섬유
(E) 마찰

47

NEARCAPE ADVANCED WORDS TEST 1200

1.
(A) (벽) 프리즈 장식
(B) 경솔한, 하찮은
(C) 거품의, 실속 없는
(D) 힐긋 봄
(E) 절약하는, 검소한

2.
(A) 좌절시키다
(B) 부정, 반대하다
(C) 걸음걸이
(D) 균류
(E) 노

3.
(A) 열광, 격노
(B) 은밀한
(C) 귀찮은 사람, 줄기차게 자극하는 사람
(D) 무익
(E) 외교상의 실수, 결례

4.
(A) 까탈스럽다, 야단법석하다
(B) 은하수
(C) 짜증나게 하는
(D) 소름끼치는
(E) 맹렬히 비난하다

5.
(A) 빙하
(B) 기어
(C) ~을 긁어 모으다
(D) 까불며 뛰어다니다
(E) 빼빼마른

6.
(A) 보편성
(B) 지나치게 화려한
(C) 적절한
(D) 경솔한
(E) 수다스런

7.
(A) 가스화
(B) 투박한
(C) 이판사판 모험하다
(D) 화려한
(E) 측정하다

8.
(A) 자극하다
(B) 온화한
(C) 깊은 상처
(D) 품위있는
(E) 케케묵은

9.
(A) 진짜의, 순진한
(B) 몸짓
(C) 맛좋은
(D) 생강
(E) 왜곡하다

10.
(A) 계보
(B) 지저분한, 케케묵은
(C) 의복
(D) 몹시 추운
(E) 미화하다

NEARCAPE ADVANCED WORDS 1250

	WORDS	MEANING		WORDS	MEANING
1201	glaze	윤을 내다, 반듯하게 하다	1226	gratify	만족감을 주다
1202	glib	말을 잘하는 (비꼬는 투로)	1227	grating	귀에 거슬리는
1203	glimmer	소량, 희미하게 빛나다	1228	gratis	무료의
1204	glisten	반짝이다	1229	gratuitous	무료의, 근거 없는
1205	glitch	자그마한 흠, 고장	1230	gravity	진지함
1206	gloat	만족스럽게 바라보다	1231	gregarious	사교적인, 군거성의
1207	gloomy	미화하다	1232	grievous	통탄할
1208	gloss	주석(달다)	1233	grimace	우거지상
1209	glossary	용어해설	1234	grin	방긋 웃다
1210	glossy	반들반들한	1235	gripe	불평
1211	glut	충분한 공급	1236	grisly	소름끼치는
1212	glutinous	아교질의, 끈적이는	1237	groove	홈을 파다
1213	glutton	대식가	1238	grotesque	괴상한
1214	go	부추겨 자극하다	1239	grovel	비굴하게 굴다
1215	gobble	게걸스레 먹다	1240	grumble	불평
1216	goggle	보호안경	1241	guarantee	보증하다
1217	goldbrick	게으름 피우다	1242	guffaw	박장대소하다
1218	gorge	실컷 먹다	1243	guile	응큼함, 꾸밈
1219	gossamer	얇고 가벼운 (것)	1244	guilt	죄책감
1220	gourmet	미식가	1245	gullible	잘 속는
1221	grandeur	웅장함	1246	gully	도랑
1222	grandiloquent	호언장담하는	1247	gum	고무
1223	grandiose	젠체하는	1248	gush	분출
1224	grandstand	화려하게 수행하다	1249	gust	돌풍
1225	grant	인정하다	1250	guzzle	폭음하다

NEARCAPE ADVANCED WORDS 1300

	WORDS	MEANING		WORDS	MEANING
1251	habitable	거주할 수 있는	1276	harebrained	경솔한
1252	hack	돈 때문에 열심히 일하는 사람	1277	harmonious	조화로운
1253	hackneyed	진부한	1278	harness	이용하다
1254	halcyon	평온한, 풍요로운	1279	harp	하프
1255	hale	팔팔한	1280	harry	고뇌, 괴롭히다
1256	half-baked	미숙한, 불완전한	1281	harsh	가혹한
1257	halfhearted	열성이 없는	1282	hasten	서두르다
1258	hallucination	환각	1283	hasty	성미 급한, 경솔한
1259	halting	일관성 없는, 우물쭈물하는	1284	haunt	자주가다
1260	ham-handed	서투른	1285	hauteur	거만함
1261	hammering	명심(각인) 시키는	1286	havoc	대혼란
1262	hamper	방해하다	1287	haze	흐릿하게 하다, 괴롭히다
1263	hamstring	무력화시키다, 좌절시키다	1288	headlong	저돌적인
1264	handle	다루다	1289	headstrong	고집 센
1265	hangdog	쭈뼛쭈뼛한, 처량한	1290	hearken(harken)	귀를 기울이다
1266	hankering	갈망, 열망	1291	heart	격려하다
1267	haphazard	계획성 없는, 될 대로 되라는 식의	1292	heartrending	가슴이 찢어 질 듯한
1268	hapless	불행한	1293	hedge	금전적 방어
1269	harangue	열변을 하다	1294	heinous	증오할
1270	harass	괴롭히다, 귀찮게 굴다	1295	heirloom	가보
1271	harbinger	선구자, 전조	1296	hem	옷단
1272	harbor	거처를 제공하다	1297	herald	공표하다
1273	hardheaded	완고한	1298	herbicide	제초제
1274	hard-liner	강경노선 지지자	1299	hereditary	유전의
1275	hardy	튼튼한, 뻔뻔스런	1300	heresy	이단

NEARCAPE ADVANCED WORDS TEST 1250

1.
(A) 윤을 내다, 반듯하게 하다
(B) 말을 잘하는 (비꼬는 투로)
(C) 반짝이다
(D) 실컷 먹다
(E) 미화하다

2.
(A) 주석(달다)
(B) 돌풍
(C) 미식가
(D) 웅장함
(E) 반들반들한

3.
(A) 아교질의, 끈적이는
(B) 대식가
(C) 부추겨 자극하다
(D) 자그마한 흠, 고장
(E) 보증하다

4.
(A) 게으름 피우다
(B) 충분한 공급
(C) 우거지상
(D) 만족감을 주다
(E) 용어해설

5.
(A) 만족스럽게 바라보다
(B) 불평
(C) 보호 안경
(D) 비굴하게 굴다
(E) 응큼함, 꾸밈

6.
(A) 귀에 거슬리는
(B) 무료의, 근거 없는
(C) 진지함
(D) 젠체하는
(E) 사교적인, 군거성의

7.
(A) 통탄할
(B) 게걸스레 먹다
(C) 소름 끼치는
(D) 무료의
(E) 홈을 파다

8.
(A) 호언장담하는
(B) 괴상한
(C) 불평
(D) 박장대소하다
(E) 죄책감

9.
(A) 화려하게 수행하다
(B) 방긋 웃다
(C) 얇고 가벼운 (것)
(D) 인정하다
(E) 잘 속는

10.
(A) 도랑
(B) 고무
(C) 분출
(D) 소량, 희미하게 빛나다
(E) 폭음하다

NEARCAPE ADVANCED WORDS TEST 1300

1.
(A) 거주할 수 있는
(B) 돈 때문에 열심히 일하는 사람
(C) 평온한, 풍요로운
(D) 팔팔한
(E) 가보

2.
(A) 미숙한, 불완전한
(B) 선구자, 전조
(C) 서투른
(D) 명심(각인) 시키는
(E) 방해하다

3.
(A) 흐릿하게 하다, 괴롭히다
(B) 완고한
(C) 격려하다
(D) 하프
(E) 튼튼한, 뻔뻔스런

4.
(A) 계획성 없는, 될 대로 되라는 식의
(B) 열성이 없는
(C) 가혹한
(D) 거처를 제공하다
(E) 거만함

5.
(A) 고집 센
(B) 경솔한
(C) 환각
(D) 조화로운
(E) 갈망, 열망

6.
(A) 열변을 하다
(B) 이용하다
(C) 다루다
(D) 서두르다
(E) 무력화시키다, 좌절시키다

7.
(A) 성미 급한, 경솔한
(B) 쭈볏쭈볏한, 처량한
(C) 자주 가다
(D) 대혼란
(E) 저돌적인

8.
(A) 귀를 기울이다
(B) 괴롭히다, 귀찮게 굴다
(C) 고뇌, 괴롭히다
(D) 강경노선 지지자
(E) 불행한

9.
(A) 가슴이 찢어질 듯한
(B) 금전적 방어
(C) 증오할
(D) 옷단
(E) 일관성 없는, 우물쭈물하는

10.
(A) 공표하다
(B) 제초제
(C) 진부한
(D) 유전의
(E) 이단

NEARCAPE ADVANCED WORDS 1350

	WORDS	MEANING		WORDS	MEANING
1301	heretical	이단의	1326	hovel	오두막집
1302	hermit	은둔자	1327	hub	중심
1303	herpetologist	파충류 학	1328	hubris	교만
1304	hesitance	주저함	1329	humanitarian	박애가
1305	hidebound	편협한, 몹시 보수적인	1330	humble	겸손한
1306	hideous	외모가 끔찍한, 소름끼치는	1331	humor	비위를 맞추다
1307	hie	재촉하다	1332	hurdle	장애물
1308	hierarchy	계급조직	1333	hurl	쎄게 던지다
1309	hike	급격한 인상	1334	hurricane	허리케인
1310	hinge	(문 등의) 경첩	1335	husbandry	절약
1311	hint	암시	1336	husky	목소리가 쉰
1312	histrionic	배우의, 꾸민 듯한	1337	hybrid	잡종의
1313	hitch	(갈고리 등을) 걸다, 매다	1338	hymn	찬송가
1314	hive	북세통인 곳	1339	hypnotic	최면성의, 최면제
1315	hoard	저장하다	1340	hyperbole	과장법
1316	hoary	아주 오래된	1341	hypocritical	위선적인
1317	hodgepodge	뒤범벅	1342	ichthyologist	어류학
1318	homage	존경	1343	idiosyncratic	특유의
1319	homily	설교, 훈계	1344	idolater	숭배자
1320	homogenize	균질이 되게 하다	1345	ignite	점화하다
1321	hone	숫돌로 갈다	1346	ignominy	불명예, 치욕
1322	honorarium	사례금	1347	ignorant	무지한
1323	horn	뿔피리	1348	ill-bred	버릇없이 자란
1324	hortative	권고적인	1349	illiteracy	문맹
1325	horticulture	원예학	1350	illuminati	예지를 터득한[자칭하는] 사람

NEARCAPE ADVANCED WORDS 1400

	WORDS	MEANING		WORDS	MEANING
1351	illumination	조명, 계몽, 장식띠	1376	impertinent	뻔뻔스런, 적절치 않는
1352	illusory	착각을 일으키는	1377	imperturbable	침착한
1353	illustrate	예증하다	1378	impervious	불 침투성의, 손상되지 않는
1354	imbroglio	난국, 복잡한 상황	1379	impetuous	(충동적) 격렬한, 열렬한
1355	imitation	모방	1380	impiety	불경스러움
1356	immanent	내재하는	1381	implacable	달래기 힘든
1357	immaterial	중요치 않은	1382	implement	이행하다
1358	immemorial	먼 옛날의	1383	implicate	말려들게 하다
1359	imminent	일촉즉발의	1384	implode	내파하다
1360	immune	면역의	1385	impromptu	즉흥의
1361	immure	감금하다	1386	improvident	선견지명이 없는
1362	immutable	불변의	1387	improvised	즉흥적인
1363	imp	장난꾸러기	1388	imprudent	경솔한
1364	impair	손상시키다	1389	impudent	뻔뻔스러운
1365	impassive	무감각한, 냉정한	1390	impugn	논박하다
1366	impeccable	흠없는	1391	impuissance	무기력한
1367	impecunious	무일푼의	1392	impulsive	충동적인
1368	impede	방해하다	1393	impute	전가하다
1369	impending	곧 일어날 듯한	1394	inadvertent	부주의한
1370	impenetrable	뚫을 수 없는	1395	inalienable	양도할 수 없는
1371	impenitent	뉘우치지 않는	1396	inane	공허한, 무의미한, 어리석은
1372	imperative	피할 수 없는, 명령적인	1397	inanimate	생명이 없는
1373	imperceptible	미세한, 지각할 수 없는	1398	inaugurate	취임시키다
1374	imperial	황제의	1399	incendiary	방화의, 선동적인
1375	imperious	오만한	1400	incense	화나게 하다

NEARCAPE ADVANCED WORDS TEST 1350

1.
(A) 은둔자
(B) 급격한 인상
(C) (문 등의) 경첩
(D) 파충류 학
(E) 주저함

2.
(A) 편협한, 몹시 보수적인
(B) 숫돌로 갈다
(C) 재촉하다
(D) 암시
(E) 배우의, 꾸민 듯한

3.
(A) 불피리
(B) 권고적인
(C) 북세통인 곳
(D) 저장하다
(E) 아주 오래된

4.
(A) 뒤범벅
(B) 특유의
(C) 예지를 터득한[자칭하는] 사람
(D) 계급조직
(E) 절약

5.
(A) 교만
(B) 오두막집
(C) (갈고리 등을) 걸다, 매다
(D) 잡종의
(E) 중심

6.
(A) 위선적인
(B) 점화하다
(C) 박애가
(D) 비위를 맞추다
(E) 장애물

7.
(A) 원예학
(B) 쎄게 던지다
(C) 허리케인
(D) 사례금
(E) 찬송가

8.
(A) 겸손한
(B) 최면성의, 최면제
(C) 존경
(D) 과장법
(E) 어류학

9.
(A) 숭배자
(B) 불명예, 치욕
(C) 외모가 끔찍한, 소름끼치는
(D) 목소리가 쉰
(E) 균질이 되게 하다

10.
(A) 설교, 훈계
(B) 무지한
(C) 버릇없이 자란
(D) 문맹
(E) 이단의

NEARCAPE ADVANCED WORDS TEST 1400

1.
(A) 조명, 계몽, 장식띠
(B) 예증하다
(C) 난국, 복잡한 상황
(D) 공허한, 무의미한, 어리석은
(E) 모방

2.
(A) 내재하는
(B) 중요치 않은
(C) 일촉즉발의
(D) 면역의
(E) 황제의

3.
(A) 장난꾸러기
(B) 손상시키다
(C) 무감각한, 냉정한
(D) 뻔뻔스런, 적절치 않는
(E) 침착한

4.
(A) 무일푼의
(B) 방해하다
(C) 달래기 힘든
(D) 곧 일어날 듯한
(E) 뚫을 수 없는

5.
(A) 선견지명이 없는
(B) 감금하다
(C) 미세한, 지각할 수 없는
(D) 오만한
(E) 취임시키다

6.
(A) 뉘우치지 않는
(B) 불변의
(C) 불경스러움
(D) 논박하다
(E) 즉흥의

7.
(A) 피할 수 없는, 명령적인
(B) 흠 없는
(C) 먼 옛날의
(D) 내파하다
(E) 충동적인

8.
(A) 즉흥적인
(B) 불침투성의, 손상되지 않는
(C) 경솔한
(D) 뻔뻔스러운
(E) 말려들게 하다

9.
(A) 무기력한
(B) 전가하다
(C) 부주의한
(D) 양도할 수 없는
(E) 생명이 없는

10.
(A) (충동적) 격렬한, 열렬한
(B) 이행하다
(C) 방화의, 선동적인
(D) 착각을 일으키는
(E) 화나게 하다

NEARCAPE ADVANCED WORDS 1450

	WORDS	MEANING		WORDS	MEANING
1401	inception	시초	1426	indigenous	고유한, 토착의
1402	incessant	끊임없는	1427	indigent	궁핍한, 부족한
1403	inch	서서히 (조금씩) 움직이다	1428	indigestible	소화하기 힘든
1404	inchoate	초기의, 불완전한	1429	indispensability	꼭 필요함
1405	incinerate	소각하다	1430	indoctrinate	(학설, 사상) 가르치다
1406	incipient	시작의, 초기의	1431	indolent	게으른
1407	incisive	신랄한	1432	indubitable	의심할 여지가 없는
1408	incite	자극하다, 분노를 일으키다	1433	inducement	유인, 유도
1409	inclement	가혹한, 혹독한	1434	indulge	비위를 맞추다
1410	incogitant	분별없는	1435	indulgent	관대한
1411	incongruent	일치하지 않는	1436	indurate	단단하게 하다
1412	inconsequential	중요치 않은	1437	inedible	먹을 수 없는
1413	incontrovertible	논쟁의 여지없는	1438	ineluctable	불가피한
1414	incorrigible	고칠 수 없는, 뿌리 깊은	1439	ineptitude	기량 딸림, 부적당, 어리석음
1415	incriminate	죄를 씌우다	1440	inert	비활성의
1416	inculcate	되풀이하여 심어주다	1441	inequity	불공정
1417	inculpate	죄를 씌우다	1442	inestimable	헤아릴 수 없는
1418	incursion	침입	1443	inevitable	피할 수 없는
1419	indecorous	버릇없는	1444	inexorable	냉혹한, 가차 없는
1420	indefatigable	끈기 있는	1445	infamy	불명예
1421	indelible	지울 수 없는	1446	infatuate	푹 빠지게 하다
1422	indelicate	정교하지 않은	1447	infer	추론하다
1423	indemnity	보호	1448	inferno	지옥 같은 곳(불구덩이)
1424	indict	기소하다	1449	infinite	끝없는, 무한한
1425	indifferent	냉담한	1450	infirm	연약한

NEARCAPE ADVANCED WORDS 1500

	WORDS	MEANING		WORDS	MEANING
1451	inflame	불태우다, 부채질하다	1476	instigate	선동하다
1452	infelicitous	불행한, 적절치 않은	1477	instigator	선동가
1453	influx	유입	1478	instill	스며들게 하다
1454	infuse	주입하다, 불어넣다	1479	institute	제정하다
1455	ingenious	영리한	1480	insubordinate	반항하는
1456	ingenuous	순진한, 꾸밈없는	1481	insular	편협한
1457	ingrained	뿌리 깊은, 타고난	1482	insulate	격리하다
1458	ingratiating	환심 사려는	1483	insurgent	반란자
1459	inimical	비우호적인	1484	intangible	만져서 알 수 없는
1460	inimitable	흉내 낼 수 없는	1485	integral	필수적인, 완전한
1461	iniquity	심한 부정	1486	integrity	완전무결
1462	initial	처음의, 최초의	1487	intelligible	알기 쉬운
1463	inkling	넌지시 비침, 희미한 지식	1488	intemperate	무절제한, 혹한(서) 의
1464	innocent	결백한	1489	intensify	쎄게 하다
1465	innocuous	무해한, 지루한	1490	inter	매장하다
1466	innovation	혁신	1491	intercede	중재하다
1467	innuendo	넌지시 빗댐	1492	interim	일시적인
1468	inquiry	질문	1493	interlock	맞물린
1469	insatiable	만족할 줄 모르는	1494	interloper	참견하는 사람
1470	insensate	감각이 없는	1495	interlude	막간
1471	instate	취임시키다	1496	interminable	끝없는
1472	insipid	재미없는, 맛없는	1497	intermittent	간헐적인
1473	insolent	건방진	1498	interrogate	심문하다, 따져 묻다
1474	insouciant	태평한	1499	intervene	중재하다, 끼어들어 방해하다
1475	inspired	영감 받은	1500	intimate	친한 친구, 간접적으로 말하다

NEARCAPE ADVANCED WORDS TEST 1450

1.
(A) 시초
(B) 끊임없는
(C) 서서히(조금씩) 움직이다
(D) 초기의, 불완전한
(E) 시작의, 초기의

2.
(A) 자극하다, 분노를 일으키다
(B) 가혹한, 혹독한
(C) 분별없는
(D) 지울 수 없는
(E) 정교하지 않은

3.
(A) 중요치 않은
(B) 연약한
(C) 고칠 수 없는, 뿌리깊은
(D) 죄를 씌우다
(E) 소각하다

4.
(A) 버릇없는
(B) 게으른
(C) 침입
(D) 끈기 있는
(E) 헤아릴 수 없는

5.
(A) 되풀이하여 심어 주다
(B) 보호
(C) 불명예
(D) 신랄한
(E) 불가피한

6.
(A) 지옥 같은 곳(불구덩이)
(B) 의심할 여지가 없는
(C) 소화하기 힘든
(D) 냉담한
(E) 불공정

7.
(A) 고유한, 토착의
(B) 궁핍한, 부족한
(C) 피할 수 없는
(D) 비활성의
(E) 관대한

8.
(A) 기량 딸림, 부적당, 어리석음
(B) 끝없는, 무한한
(C) 유인, 유도
(D) 기소하다
(E) 단단하게 하다

9.
(A) 먹을 수 없는
(B) 푹 빠지게 하다
(C) (학설, 사상) 가르치다
(D) 일치하지 않는
(E) 꼭 필요함

10.
(A) 죄를 씌우다
(B) 냉혹한, 가차 없는
(C) 추론하다
(D) 논쟁의 여지없는
(E) 비위를 맞추다

NEARCAPE ADVANCED WORDS TEST 1500

1.
(A) 불태우다, 부채질하다
(B) 불행한, 적절치 않은
(C) 유입
(D) 주입하다, 불어넣다
(E) 영리한

2.
(A) 환심 사려는
(B) 비우호적인
(C) 흉내낼 수 없는
(D) 취임시키다
(E) 재미없는, 맛없는

3.
(A) 심한 부정
(B) 넌지시 비침, 희미한 지식
(C) 결백한
(D) 무해한, 지루한
(E) 만족할 줄 모르는

4.
(A) 질문
(B) 감각이 없는
(C) 혁신
(D) 격리하다
(E) 건방진

5.
(A) 필수적인, 완전한
(B) 태평한
(C) 친한 친구, 간접적으로 말하다
(D) 처음의, 최초의
(E) 순진한, 꾸밈없는

6.
(A) 간헐적인
(B) 영감 받은
(C) 선동가
(D) 뿌리 깊은, 타고난
(E) 제정하다

7.
(A) 매장하다
(B) 완전무결
(C) 반항하는
(D) 끝없는
(E) 반란자

8.
(A) 만져서 알 수 없는
(B) 알기 쉬운
(C) 심문하다, 따져 묻다
(D) 맞물린
(E) 스며들게 하다

9.
(A) 무절제한, 혹한(서)의
(B) 쎄게 하다
(C) 넌지시 빗댐
(D) 중재하다
(E) 일시적인

10.
(A) 참견하는 사람
(B) 막간
(C) 선동하다
(D) 편협한
(E) 중재하다, 끼어들어 방해하다

NEARCAPE ADVANCED WORDS 1550

	WORDS	MEANING		WORDS	MEANING
1501	intimidate	겁먹게 하다, 협박하다	1526	irrelevant	관계가 없는
1502	intransigent	비타협적인	1527	irresolute	우유부단한
1503	intrepid	대담한	1528	irreverent	불경한
1504	intricacy	복잡	1529	irritate	짜증나게 하다
1505	intriguing	흥미를 자아내는	1530	issue	논점, 호, 유포시키다
1506	intrinsic	고유의, 내재한	1531	isthmus	지협
1507	inure	(나쁜 것에) 익숙하게 하다	1532	jabber	재잘거리다
1508	invective	독설	1533	jaded	물린
1509	inveigh	심하게 항의하다	1534	jammed	꽉 찬
1510	inveigle	은밀히 끌어들이다	1535	jape	희롱하다
1511	inventory	재고조사	1536	jar	삐걱거리다
1512	investigate	(조직적으로) 조사하다	1537	jaundice	편견, 삐뚤어진 태도
1513	inveterate	뿌리 깊은, 상습적인	1538	jaunty	(태도가) 경쾌한
1514	invidious	비위에 거슬리는	1539	jazz	재즈
1515	invigorate	고무하다	1540	jealousy	질투
1516	inviolate	신성한	1541	jejune	불모의, 지루한
1517	invoice	구매서	1542	jerk	갑자기 잡아당기다
1518	invoke	발동하다, 불러내다	1543	jest	농담, 익살
1519	invulnerable	불사조의	1544	jingoist	맹목적 애국주의자
1520	irascible	성마른	1545	jitter	불안초조한 상태
1521	irate	격노한	1546	jocund	유쾌한
1522	iridescence	무지개 빛	1547	jog	조깅하다
1523	irk	성가시게 하다	1548	joke	농담
1524	ironclad	견고한	1549	jolt	갑자기 움직이다
1525	irreducible	더 이상 줄일 수 없는	1550	jot	간단히 적어두다

NEARCAPE ADVANCED WORDS 1600

	WORDS	MEANING		WORDS	MEANING
1551	jovial	즐거운, 유쾌한	1576	laminate	박판으로 자르다
1552	jubilant	매우 기쁜	1577	lampoon	풍자 글
1553	judicious	현명한	1578	landfill	쓰레기 매립지
1554	juggernaut	거대한 파괴력이 있는 것, 불가항력	1579	landlord	여관주인
1555	jumble	뒤범벅을 만들다	1580	landslide	산사태
1556	justify	정당화하다	1581	lane	좁은 길
1557	juxtapose	(비교, 대조 때문에) 나란히 놓다	1582	languid	(허약, 피로) 나른한, 열의 없는
1558	kangaroo	캉가루	1583	languish	시들다
1559	ken	시야	1584	lank	호리호리한
1560	kindle	부채질하다, 불붙이다	1585	lapse	사소한 실수
1561	kindred	혈연관계, 유사함	1586	larder	식료품 저장실
1562	kink	꼬임	1587	largesse	아낌없이 줌, 후함
1563	kiss	키스	1588	lariat	올가미
1564	knack	요령, 비결	1589	lash	채찍으로 때리다, 몰아가다
1565	knave	부정직한 사람	1590	lassitude	나른함
1566	knead	반죽하다	1591	latent	잠복성의
1567	knit	쥐어짜다, 뜨개질하다	1592	lathe	선반
1568	knotty	옹이 있는, 해결하기에 복잡한	1593	latitude	(행동, 사상 등의) 자유
1569	kudos	명예, 칭찬	1594	laudatory	칭찬의
1570	labile	불안정한, 변하기 쉬운	1595	lavish	헤픈, 넉넉한, 아낌없이 주다
1571	labored	(언행) 부자연스런, 서투른	1596	leaden	(납처럼) 무거운, 활기 없는
1572	labyrinth	미로, 복잡함	1597	leaven	효모로 발효시키다
1573	laconic	간결한, 무뚝뚝한	1598	lectern	성서대
1574	lambaste	몹시 꾸짖다	1599	ledger	원장부
1575	lamentable	슬픈	1600	leery	의심 많은

NEARCAPE ADVANCED WORDS TEST 1550

1.
(A) 비타협적인
(B) 대담한
(C) 복잡
(D) 흥미를 자아내는
(E) 갑자기 움직이다

2.
(A) (나쁜 것에) 익숙하게 하다
(B) 독설
(C) 심하게 항의하다
(D) 격노한
(E) 무지개 빛

3.
(A) (조직적으로) 조사하다
(B) 뿌리 깊은, 상습적인
(C) 비위에 거슬리는
(D) 고무하다
(E) 불사조의

4.
(A) 발동하다, 불러내다
(B) 성마른
(C) 신성한
(D) 성가시게 하다
(E) 물린

5.
(A) 삐걱거리다
(B) 견고한
(C) 재고조사
(D) 재잘거리다
(E) 고유의, 내재한

6.
(A) 농담
(B) 더 이상 줄일 수 없는
(C) 구매서
(D) 간단히 적어두다
(E) 짜증나게 하다

7.
(A) 논점, 호, 유포시키다
(B) 불모의, 지루한
(C) 편견, 비뚤어진 태도
(D) 지협
(E) 조깅하다

8.
(A) 꽉 찬
(B) 희롱하다
(C) (태도가) 경쾌한
(D) 은밀히 끌어들이다
(E) 맹목적 애국주의자

9.
(A) 불경한
(B) 재즈
(C) 질투
(D) 우유부단한
(E) 갑자기 잡아당기다

10.
(A) 농담, 익살
(B) 불안초조한 상태
(C) 유쾌한
(D) 관계가 없는
(E) 겁먹게 하다, 협박하다

NEARCAPE ADVANCED WORDS TEST 1600

1.
(A) 매우 기쁜
(B) 현명한
(C) 거대한 파괴력이 있는 것, 불가항력
(D) 뒤범벅을 만들다
(E) 정당화하다

2.
(A) (비교, 대조 때문에) 나란히 놓다
(B) 의심 많은
(C) 캥거루
(D) 부채질하다, 불붙이다
(E) 몹시 꾸짖다

3.
(A) 키스
(B) 요령, 비결
(C) 부정직한 사람
(D) 박판으로 자르다
(E) 풍자 글

4.
(A) 쥐어짜다, 뜨개질하다
(B) 미로, 복잡함
(C) 시들다
(D) 옹이 있는, 해결하기에 복잡한
(E) 명예, 칭찬

5.
(A) 불안정한, 변하기 쉬운
(B) 헤픈, 넉넉한, 아낌없이 주다
(C) 혈연관계, 유사함
(D) 간결한, 무뚝뚝한
(E) 효모로 발효시키다

6.
(A) 여관주인
(B) 반죽하다
(C) 올가미
(D) 호리호리한
(E) 즐거운, 유쾌한

7.
(A) 꼬임
(B) 칭찬의
(C) 좁은 길
(D) (허약, 피로) 나른한, 열의 없는
(E) 사소한 실수

8.
(A) 잠복성의
(B) 쓰레기 매립지
(C) 식료품 저장실
(D) 아낌없이 줌, 후함
(E) (언행) 부자연스런, 서투른

9.
(A) 채찍으로 때리다, 몰아가다
(B) 나른함
(C) 선반
(D) (행동, 사상 등의) 자유
(E) 슬픈

10.
(A) 산사태
(B) (납처럼) 무거운, 활기 없는
(C) 시야
(D) 성서대
(E) 원장부

NEARCAPE ADVANCED WORDS 1650

	WORDS	MEANING		WORDS	MEANING
1601	legacy	유산	1626	linoleum	마루판
1602	legend	범례, 전설적 인물	1627	lithe	(발레 선수) 나긋나긋한, 우아한
1603	legible	읽기 쉬운	1628	lucid	명쾌한, 투명한
1604	legion	다수	1629	lug	(무거운 것) 을 끌다
1605	lenient	너그러운	1630	lung	폐
1606	lethal	치명적인	1631	lush	파릇파릇한
1607	lethargy	무감각, 무기력한 상태	1632	luxuriant	사치스런
1608	levee	제방	1633	magnificent	고결한, 웅장한
1609	levelheaded	분별 있는	1634	magnanimity	배포가 큼
1610	leverage	지레의 작용	1635	malfunction	기능장애
1611	lexicographer	사전편찬자	1636	malinger	꾀병부리다
1612	liability	책임, 부채	1637	malodorous	악취가 나는
1613	liaison	연락, 교섭	1638	management	경영수완, 통제
1614	liberal	후한, 관대한	1639	maneuverable	다루기 쉬운
1615	libertine	방탕자	1640	mangle	난도질하다, 엉망으로 만들다
1616	libretto	오페라 가사	1641	mangy	초라한, 비열한
1617	licentious	방탕한	1642	manic	마니아 적인
1618	lien	선취특권	1643	manumit	해방하다
1619	liken	비교하다	1644	marshy	습한
1620	limber	유연한	1645	massive	체격이 큰
1621	limerick	5행시	1646	master	정통한 사람
1622	limousine	리무진	1647	maudlin	눈물이 헤픈(너무 감상적인)
1623	limp	축 늘어진	1648	mawkish	몹시 감상적인(유치하게)
1624	limpid	맑은, 투명한	1649	meander	꼬불꼬불함, 우회
1625	linen	아마실	1650	measly	보잘것없는

NEARCAPE ADVANCED WORDS 1700

	WORDS	MEANING		WORDS	MEANING
1651	measured	균형 잡힌, 신중한	1676	mislead	오해하게 하다
1652	meddlesome	참견하기 좋아하는	1677	misnomer	오칭
1653	meld	병합하다	1678	misrepresent	잘못 전하다
1654	melodious	듣기 좋은	1679	mite	작은 창조물
1655	mellifluous	감미로운	1680	mitigate	경감시키다
1656	meliorism	개선설	1681	mnemonics	기억술
1657	membrane	세포막	1682	mobility	운동성
1658	mendacity	허위, 거짓	1683	mockery	조롱
1659	mentor	믿을 만한 조언자	1684	moderate	완화하다, 절제하는
1660	metaphor	은유법	1685	modicum	소량
1661	meteoric	일시적인	1686	molding	장식모양
1662	mettle	기개	1687	mollify	완화하다
1663	milk	단물 다 빨아먹다, 착취하다	1688	mollycoddle	응석 받아주다
1664	mint	화폐주조하다, 다량	1689	molt	털갈이
1665	minuscule	아주 작은, 소문자	1690	momentous	중대한
1666	minutia	세부사항	1691	momentum	추진력
1667	misanthropy	사람을 싫어함, 염세	1692	monotonous	단조로운, 억양이 거의 없는
1668	miscreant	악인	1693	monochromatic	단색의
1669	misbehave	못된 짓을 하다	1694	monopolize	독점권을 얻다
1670	mischievous	유해한, 짓궂은	1695	monotone	단조로운
1671	misdemeanor	나쁜 행실, 경범죄	1696	montage	몽타주
1672	miser	구두쇠	1697	morass	곤경
1673	misfortune	불운	1698	moratorium	지불유예, 활동금지
1674	misgiving	의혹, 걱정	1699	morbid	병에 걸린, 음울한
1675	mishap	불운	1700	mordant	신랄한

NEARCAPE ADVANCED WORDS TEST 1650

1.
(A) 유산
(B) 범례, 전설적 인물
(C) 읽기 쉬운
(D) 눈물이 헤픈(너무 감상적인)
(E) 너그러운

2.
(A) 제방
(B) 분별 있는
(C) 지레의 작용
(D) 5행시
(E) 리무진

3.
(A) 책임, 부채
(B) 연락, 교섭
(C) 후한, 관대한
(D) 방탕자
(E) 비교하다

4.
(A) 선취특권
(B) 유연한
(C) 오페라 가사
(D) 축 늘어진
(E) 맑은, 투명한

5.
(A) 배포가 큰
(B) 습한
(C) 사전편찬자
(D) 악취가 나는
(E) 치명적인

6.
(A) 아마실
(B) 정통한 사람
(C) 꼬불꼬불함, 우회
(D) 방탕한
(E) 마루판

7.
(A) 폐
(B) 파릇파릇한
(C) 마니아적인
(D) 경영수완, 통제
(E) 사치스런

8.
(A) 다수
(B) 몹시 감상적인(유치하게)
(C) 기능장애
(D) 꾀병부리다
(E) 다루기 쉬운

9.
(A) 체격이 큰
(B) (무거운 것을) 끌다
(C) 난도질하다, 엉망으로 만들다
(D) 초라한, 비열한
(E) 명쾌한, 투명한

10.
(A) 해방하다
(B) 무감각, 무기력한 상태
(C) (발레 선수) 나긋나긋한, 우아한
(D) 고결한, 웅장한
(E) 보잘것없는

NEARCAPE ADVANCED WORDS TEST 1700

1.
(A) 참견하기 좋아하는
(B) 병합하다
(C) 듣기 좋은
(D) 감미로운
(E) 개선설

2.
(A) 세포막
(B) 곤경
(C) 허위, 거짓
(D) 불운
(E) 기개

3.
(A) 단물 다 빨아먹다, 착취하다
(B) 화폐 주조하다, 다량
(C) 불운
(D) 오해하게 하다
(E) 세부사항

4.
(A) 사람을 싫어함, 염세
(B) 악인
(C) 기억술
(D) 못된 짓을 하다
(E) 완화하다, 절제하는

5.
(A) 믿을 만한 조언자
(B) 구두쇠
(C) 몽타주
(D) 은유법
(E) 의혹, 걱정

6.
(A) 유해한, 짓궂은
(B) 일시적인
(C) 지불 유예, 활동금지
(D) 작은 창조물
(E) 털갈이

7.
(A) 소량
(B) 나쁜 행실, 경범죄
(C) 단조로운
(D) 운동성
(E) 조롱

8.
(A) 장식 모양
(B) 균형 잡힌, 신중한
(C) 단조로운, 억양이 거의 없는
(D) 아주 작은, 소문자
(E) 완화하다

9.
(A) 응석 받아주다
(B) 잘못 전하다
(C) 중대한
(D) 추진력
(E) 단색의

10.
(A) 독점권을 얻다
(B) 오칭
(C) 경감시키다
(D) 병에 걸린, 음울한
(E) 신랄한

NEARCAPE ADVANCED WORDS 1750

	WORDS	MEANING		WORDS	MEANING
1701	moribund	죽어가는, 빈사 상태의	1726	myopia	통찰력 결여, 근시안
1702	morose	시무룩한	1727	myriad	무수의
1703	mortar	절구통	1728	nadir	천저
1704	mosaic	모자이크세공	1729	naive	순진한
1705	mosque	이슬람 사원	1730	narcissism	자기도취증
1706	mosquito	모기	1731	nascent	막 생긴, 신생의
1707	motile	운동성의	1732	natty	말쑥한
1708	motivate	동기를 주다	1733	nauseate	구역질나게 하다
1709	motley	잡색의, 잡동사니의	1734	naysayer	거부자
1710	mottle	얼룩덜룩하게 하다	1735	nebulous	막연한
1711	mournful	슬픔에 잠긴	1736	needy	궁핍한
1712	movement	악장	1737	nefarious	사악한
1713	muddy	분명치 않은	1738	negative	부정의
1714	muffle	(소리 안 나게) -을 싸다	1739	negotiate	협상하다
1715	mulish	완고한	1740	neophyte	초심자
1716	mull	심사숙고	1741	nepotism	친척 등용
1717	mumble	우물우물 대다	1742	nerve	용기를 북돋우다
1718	mundane	평범한, 속세의	1743	nestle	아늑하게 자리 잡다
1719	municipality	지방자치제	1744	nettle	화나게 하다, 초조하게 하다
1720	munificent	아낌없이 주는	1745	nibble	조금씩 먹다
1721	mural	벽화	1746	nicety	정확성, 미세한 차이
1722	murky	자욱한, 어두운	1747	nip	조금씩 마시다
1723	murmur	중얼거리다	1748	nitpick	하찮은 흠잡다
1724	mushroom	버섯처럼 급속히 번지다	1749	nocturnal	야행성의
1725	mute	소리를 죽이다	1750	noisome	해로운

NEARCAPE ADVANCED WORDS 1800

	WORDS	MEANING		WORDS	MEANING
1751	nomad	방랑자	1776	oblivious	잘 잊는, 부주의한, 염두에 두지 않는
1752	nominal	명목상의, 하찮은	1777	obscure	희미한, 무명의
1753	nonchalant	냉담한, 무관심한	1778	obsequious	아첨하는, 알랑거리는
1754	noncommittal	이도저도 아닌	1779	observatory	천문대
1755	nondescript	뭐라 말할 수 없는, 특징 없는	1780	obsess	괴롭힐 정도로 사로잡히다
1756	nonentity	보잘것없는 사람	1781	obsolete	한물간, 퇴행의
1757	nonflammable	타지 않는	1782	obstacle	장애물
1758	nonsense	아무 뜻도 없는 것	1783	obstinate	완고한, 고집 센
1759	nostrum	민간요법, 특효약	1784	obstreperous	다루기 어려운
1760	notch	V형 눈금	1785	obstruct	진행을 방해하다
1761	novelty	참신함	1786	obtuse	무딘, 둔각의
1762	noxious	유해한	1787	obviate	불필요하게 하다
1763	nuance	뉘앙스	1788	occlude	막다, 차단하다
1764	nucleate	중심으로 모으다	1789	occult	불가사의한
1765	nudge	(팔꿈치로) 가볍게 밀다	1790	occurrence	사건
1766	nurture	양육하다	1791	ode	송시
1767	oafish	바보 같은	1792	odious	혐오할, 몹시 불쾌한
1768	obdurate	좀처럼 회개하지 않는, 완고한	1793	offbeat	색다른
1769	obedient	순종하는	1794	offend	기분을 상하게 하다
1770	obeisance	경의, 복종	1795	offhand	즉석에서
1771	obfuscate	알기 어렵게 하다	1796	officious	참견하기 좋아하는, 지나치게 친절한
1772	obligatory	의무적인, 필수의	1797	offish	쌀쌀맞은
1773	obliging	친절한	1798	opacity	불투명, 애매함
1774	oblique	간접적인, 기울어진	1799	opaque	불투명한, 불명료한
1775	obliterate	흔적조차 없애다	1800	opine	의견을 말하다

NEARCAPE ADVANCED WORDS TEST 1750

1.
(A) 시무룩한
(B) 절구통
(C) 모자이크세공
(D) 야행성의
(E) 이슬람 사원

2.
(A) 모기
(B) 운동성의
(C) 잡색의, 잡동사니의
(D) 얼룩덜룩하게 하다
(E) 슬픔에 잠긴

3.
(A) 소리를 죽이다
(B) (소리 안 나게) -을 싸다
(C) 완고한
(D) 심사숙고
(E) 우물우물 대다

4.
(A) 무수의
(B) 중얼거리다
(C) 천저
(D) 평범한, 속세의
(E) 아늑하게 자리 잡다

5.
(A) 지방자치제
(B) 아낌없이 주는
(C) 조금씩 먹다
(D) 통찰력 결여, 근시안
(E) 자욱한, 어두운

6.
(A) 궁핍한
(B) 말쑥한
(C) 조금씩 마시다
(D) 순진한
(E) 용기를 북돋우다

7.
(A) 분명치 않은
(B) 막 생긴, 신생의
(C) 구역질나게 하다
(D) 협상하다
(E) 버섯처럼 급속히 번지다

8.
(A) 거부자
(B) 하찮은, 흠잡다
(C) 막연한
(D) 악장
(E) 사악한

9.
(A) 부정의
(B) 초심자
(C) 친척 등용
(D) 벽화
(E) 화나게 하다, 초조하게 하다

10.
(A) 자기도취증
(B) 동기를 주다
(C) 정확성, 미세한 차이
(D) 죽어가는, 빈사 상태의
(E) 해로운

NEARCAPE ADVANCED WORDS TEST 1800

1.
(A) 방랑자
(B) 명목상의, 하찮은
(C) 냉담한, 무관심한
(D) 뭐라 말할 수 없는, 특징 없는
(E) 보잘것없는 사람

2.
(A) 민간요법, 특효약
(B) V형 눈금
(C) 참신함
(D) 알기 어렵게 하다
(E) 의무적인, 필수의

3.
(A) 유해한
(B) 뉘앙스
(C) 중심으로 모으다
(D) (팔꿈치로) 가볍게 밀다
(E) 순종하는

4.
(A) 좀처럼 회개하지 않는, 완고한
(B) 경의, 복종
(C) 양육하다
(D) 장애물
(E) 친절한

5.
(A) 진행을 방해하다
(B) 간접적인, 기울어진
(C) 불투명한, 불명료한
(D) 이도저도 아닌
(E) 참견하기 좋아하는, 지나치게 친절한

6.
(A) 타지 않는
(B) 흔적조차 없애다
(C) 아첨하는, 알랑거리는
(D) 쌀쌀맞은
(E) 천문대

7.
(A) 사건
(B) 무딘, 둔각의
(C) 괴롭힐 정도로 사로잡히다
(D) 아무 뜻도 없는 것
(E) 완고한, 고집 센

8.
(A) 다루기 어려운
(B) 불필요하게 하다
(C) 불투명, 애매함
(D) 색다른
(E) 희미한, 무명의

9.
(A) 막다, 차단하다
(B) 불가사의한
(C) 잘 잊는, 부주의한, 염두에 두지 않는
(D) 송시
(E) 혐오할, 몹시 불쾌한

10.
(A) 기분을 상하게 하다
(B) 즉석에서
(C) 바보 같은
(D) 한물간, 퇴행의
(E) 의견을 말하다

NEARCAPE ADVANCED WORDS 1850

	WORDS	MEANING		WORDS	MEANING
1801	opportune	시기가 좋은, 형편이 좋은	1826	overt	명백한, 공공연한
1802	oppose	반대하다	1827	overture	전주곡
1803	oppression	억압	1828	overwhelm	압도하다
1804	opprobrious	파렴치한, 상스러운	1829	overwrought	너무 흥분한
1805	optimization	최적화	1830	oxymoron	모순어법
1806	opulent	풍부한, 부유한	1831	pacify	진정시키다
1807	oration	연설	1832	pack	늑대 떼
1808	orchestra	오케스트라	1833	pact	조약, 협정
1809	ordinary	평범한	1834	padding	완충재
1810	original	독창적인	1835	paean	찬가
1811	orthodoxy	정설, 정통성	1836	painstaking	애쓰는
1812	oscillate	주저하다, 흔들리다	1837	palatable	구미당기는
1813	ornithology	조류학	1838	palatial	호화로운, 궁전의
1814	ossify	보수적으로 하다	1839	palette	물감의 색 범위
1815	ostensible	(사실 여부를 떠나) 표면상의	1840	pall	싫증나다, 흥미를 잃다
1816	ostentatious	저속하게 야한, 허세부리는	1841	palliate	일시적으로 완화시키다
1817	ostracism	추방, 배척	1842	pallor	창백
1818	oust	축출하다	1843	palmy	번영하는
1819	outgoing	외향성의	1844	palpable	명백한, 만져서 느낄 수 있는
1820	outmaneuver	술책으로 이기다	1845	palter	적당히 얼버무리다
1821	outmoded	유행에 뒤진	1846	paltry	시시한
1822	overbearing	뽐내는	1847	pan	혹평
1823	overdose	과잉복용	1848	panache	기백
1824	overexposure	노출과다	1849	pandemonium	대혼란(의 장소)
1825	overlap	겹치다	1850	pander	매춘을 알선하다, 영합하다

NEARCAPE ADVANCED WORDS 1900

	WORDS	MEANING		WORDS	MEANING
1851	panegyric	찬사	1876	partisan	추종자
1852	panorama	전경	1877	passionate	다혈질의, 감정적인
1853	pantechnicon	가구운반차	1878	pastiche	모방작품
1854	pantry	식료품 저장실	1879	patent	명백한
1855	parable	우화	1880	pathology	변이, 병리학
1856	paradigmatic	전형적인	1881	patina	허례허식
1857	paradox	모순된 말, 궤변	1882	patriot	애국자
1858	paragon	모범, ~에 필적하다	1883	patronize	생색내며 도와주다
1859	parallel	평형의	1884	paucity	소량, 부족
1860	paramount	최고의, 주요한	1885	paunchy	똥배가 나온
1861	paranoia	편집증	1886	pauper	극빈자
1862	paraphrase	바꿔 말하다	1887	pebble	조약돌
1963	parch	바싹 말리다	1888	peccadillo	작은 죄
1864	pariah	사회적 왕따	1889	peck	가벼운 키스
1865	parity	동등	1890	pedagogue	학자인 체하는 교육자
1866	parlance	말투	1891	pedant	현학자(경멸적으로)
1867	parochial	편협한, 교구의	1892	pedestrian	평범한, 산문적인
1868	parody	풍자	1893	peep	소곤소곤
1869	parquetry	(마루) 조각나무 세공	1894	peeve	짜증나게 하다
1870	parrot	뜻도 모르고 흉내내다	1895	pejorative	경멸적인
1871	parry	받아넘기다, 회피하다	1896	pellucid	이해하기에 명쾌한
1872	parse	문장을 해부하다	1897	penalty	형벌, 벌금
1873	parsimony	인색	1898	penchant	경향, 편애
1874	partiality	편견	1899	penetrate	관통하다
1875	particularize	상세히 말하다	1900	pensive	수심에 잠긴, 애수 띤

NEARCAPE ADVANCED WORDS TEST 1850

1.
(A) 시기가 좋은, 형편이 좋은
(B) 억압
(C) 파렴치한, 상스러운
(D) 풍부한, 부유한
(E) 연설

2.
(A) 술책으로 이기다
(B) 평범한
(C) 독창적인
(D) 정설, 정통성
(E) 뽐내는

3.
(A) 과잉 복용
(B) 조류학
(C) 보수적으로 하다
(D) (사실 여부를 떠나) 표면상의
(E) 저속하게 야한, 허세부리는

4.
(A) 너무 흥분한
(B) 매춘을 알선하다, 영합하다
(C) 늑대 떼
(D) 외향성의
(E) 유행에 뒤진

5.
(A) 반대하다
(B) 추방, 배척
(C) 노출과다
(D) 시시한
(E) 명백한, 공공연한

6.
(A) 축출하다
(B) 구미당기는
(C) 조약, 협정
(D) 기백
(E) 전주곡

7.
(A) 번영하는
(B) 모순어법
(C) 진정시키다
(D) 완충재
(E) 싫증나다, 흥미를 잃다

8.
(A) 오케스트라
(B) 찬가
(C) 대혼란(의 장소)
(D) 애쓰는
(E) 주저하다, 흔들리다

9.
(A) 호화로운, 궁전의
(B) 물감의 색 범위
(C) 일시적으로 완화시키다
(D) 창백
(E) 겹치다

10.
(A) 명백한, 만져서 느낄 수 있는
(B) 압도하다
(C) 적당히 얼버무리다
(D) 최적화
(E) 혹평

NEARCAPE ADVANCED WORDS TEST 1900

1.
(A) 찬사
(B) 전경
(C) 가구운반차
(D) 식료품 저장실
(E) 전형적인

2.
(A) 모범, ~에 필적하다
(B) 수심에 잠긴, 애수 띤
(C) 평형의
(D) 받아넘기다, 회피하다
(E) 문장을 해부하다

3.
(A) 바꿔 말하다
(B) 바싹 말리다
(C) 사회적 왕따
(D) 동등
(E) (마루) 조각나무 세공

4.
(A) 풍자
(B) 변이, 병리학
(C) 뜻도 모르고 흉내내다
(D) 생색내며 도와주다
(E) 말투

5.
(A) 인색
(B) 경멸적인
(C) 편견
(D) 최고의, 주요한
(E) 편집증

6.
(A) 추종자
(B) 다혈질의, 감정적인
(C) 작은 죄
(D) 소량, 부족
(E) 우화

7.
(A) 모방작품
(B) 짜증나게 하다
(C) 허례허식
(D) 애국자
(E) 똥배가 나온

8.
(A) 현학자(경멸적으로)
(B) 편협한, 교구의
(C) 극빈자
(D) 관통하다
(E) 조약돌

9.
(A) 상세히 말하다
(B) 가벼운 키스
(C) 학자인 체하는 교육자
(D) 평범한, 산문적인
(E) 소곤소곤

10.
(A) 모순된 말, 궤변
(B) 이해하기에 명쾌한
(C) 명백한
(D) 형벌, 벌금
(E) 경향, 편애

NEARCAPE ADVANCED WORDS 1950

	WORDS	MEANING		WORDS	MEANING
1901	penury	궁핍	1926	perturb	당황하게 하다, 교란하다
1902	perceptible	지각할 수 있는	1927	pervade	널리 퍼지다
1903	peremptory	거만스런, 위압적인	1928	pessimism	염세주의
1904	perennial	늘 되풀이되는	1929	pesticide	살충제
1905	perfidy	배반	1930	pestle	절구 공이
1906	perforate	~에 구멍을 뚫다	1931	petition	간청, 탄원하다
1907	perfunctorily	걸치레로, 마지못해	1932	petrography	암석분류도
1908	perimeter	주변	1933	petulance	화 잘 냄, 토라짐
1909	peripatetic	순회하는	1934	phenomenal	괄목할만한
1910	peripheral	주위의, 지엽의	1935	philanthropic	박애주의의
1911	perjury	위증	1936	philistine	문외한 사람, 속물
1912	permanence	영구	1937	philosophical	철학의, 이성적인
1913	permeable	투과성의	1938	phlegmatic	냉담한, 침착한
1914	permissivist	관용적인 사람	1939	piddling	사소한, 하찮은
1915	pernicious	치명적인	1940	pigment	색소
1916	perpetual	영구의	1941	pilfer	훔치다
1917	persecute	학대하다	1942	pillar	기둥
1918	persevere	버티다, 유지하다	1943	pillory	형틀 벌을 내리다, 웃음거리로 만들다
1919	persiflage	희롱, 농담	1944	pilot	조종사
1920	personable	호감 가는	1945	pine	갈망하다
1921	perspective	전망	1946	pinnacle	정점
1922	perspicacious	통찰력 있는	1947	pinpoint	사소한 일, 정확한 위치
1923	perspicuity	명쾌	1948	piquant	신랄한
1924	pertinacious	끈질긴, 고수하는	1949	pique	화나게 하다, 자극하다
1925	pertinent	관계있는	1950	pith	요점, 진수

NEARCAPE ADVANCED WORDS 2000

	WORDS	MEANING		WORDS	MEANING
1951	pithy	간결하게 설득력 있는	1976	porous	다공성의, 스며드는
1952	pitiless	무자비한	1977	portentous	경이로운, 징후의
1953	pittance	소량	1978	portrait	초상화
1954	placate	달래다	1979	poseur	젠체하는 사람
1955	placebo	위약효과	1980	posit	단정하다
1956	plagiarize	도용하다, 표절하다	1981	posterity	자손
1957	plangent	울려 퍼지는, 떠들썩한	1982	postulate	~을 사실로 가정하다
1958	pliant	누들누들한	1983	posture	젠체하는 태도
1959	plod	무거운 발걸음을 하다	1984	potable	음료로 적합한
1960	pluck	용기, 켜다, 강제로 떼어내다	1985	potentate	세력가
1961	plumb	깊이를 재다, 면밀히 조사하다	1986	potentiate	유력하게 하다
1962	plummet	갑자기 내려가다, 떨어지다	1987	pout	못마땅해 뿌루퉁하다
1963	plump	통통한	1988	prairie	대평원
1964	plurality	대다수, 복수	1989	prate	재잘대다
1965	polarize	대립시키다	1990	preach	설교하다
1966	polemic	논쟁	1991	precarious	불안정, 미덥지 않은
1967	polish	품위, 세련되게 하다, 윤을 내다	1992	precedent	전례, 앞서는
1968	politic	사려 깊은, 교활한	1993	precipice	절벽, 궁지
1969	pollster	여론조사원	1994	precipitate	재촉하다
1970	pollyanna	극단적인 낙천주의자	1995	precipitation	강수(설) 량
1971	pompous	오만한, 과장된	1996	precipitous	깎아 지른 듯한, 허둥대는
1972	ponderous	육중한, 지루한	1997	precursor	선구자, 조짐
1973	pontificate	거드름 피우며 이야기하다	1998	predecessor	조상, 전임자
1974	porcelain	자기	1999	predilection	편애
1975	pore	구멍, 공극	2000	preeminent	돋보이는

NEARCAPE ADVANCED WORDS TEST 1950

1.
(A) 궁핍
(B) 신랄한
(C) 거만스런, 위압적인
(D) 배반
(E) ~에 구멍을 뚫다

2.
(A) 겉치레로, 마지못해
(B) 주변
(C) 순회하는
(D) 명쾌
(E) 영구

3.
(A) 투과성의
(B) 관용적인 사람
(C) 관계있는
(D) 당황하게 하다, 교란하다
(E) 영구의

4.
(A) 학대하다
(B) 버티다, 유지하다
(C) 희롱, 농담
(D) 주위의, 지엽의
(E) 통찰력 있는

5.
(A) 괄목할만한
(B) 조종사
(C) 끈질긴, 고수하는
(D) 철학의, 이성적인
(E) 호감 가는

6.
(A) 널리 퍼지다
(B) 지각할 수 있는
(C) 사소한 일, 정확한 위치
(D) 염세주의
(E) 치명적인

7.
(A) 절구공이
(B) 간청, 탄원하다
(C) 기둥
(D) 냉담한, 침착한
(E) 암석 분류도

8.
(A) 위증
(B) 늘 되풀이되는
(C) 박애주의의
(D) 문외한 사람, 속물
(E) 사소한, 하찮은

9.
(A) 갈망하다
(B) 전망
(C) 색소
(D) 훔치다
(E) 살충제

10.
(A) 형틀 벌을 내리다, 웃음거리로 만들다
(B) 정점
(C) 화나게 하다, 자극하다
(D) 화 잘냄, 토라짐
(E) 요점, 진수

NEARCAPE ADVANCED WORDS TEST 2000

1.
(A) 간결하게 설득력 있는
(B) 상식을 벗어난, 불합리한
(C) 무자비한
(D) 소량
(E) 달래다

2.
(A) 도용하다, 표절하다
(B) 편애
(C) 누들누들한
(D) 무거운 발걸음을 하다
(E) 오만한, 과장된

3.
(A) 육중한, 지루한
(B) 갑자기 내려가다, 떨어지다
(C) 통통한
(D) 대다수, 복수
(E) 대립시키다

4.
(A) 여론조사원
(B) 사려 깊은, 교활한
(C) 극단적인 낙천주의자
(D) 절벽, 궁지
(E) 자손

5.
(A) 논쟁
(B) 구멍, 공극
(C) 자기
(D) 강수(설)량
(E) 깊이를 재다, 면밀히 조사하다

6.
(A) 울려 퍼지는, 떠들썩한
(B) 단정하다
(C) 초상화
(D) 거드름 피우며 이야기하다
(E) 재잘대다

7.
(A) 세력가
(B) 젠체하는 사람
(C) 재촉하다
(D) ~을 사실로 가정하다
(E) 젠체하는 태도

8.
(A) 유력하게 하다
(B) 선구자, 조짐
(C) 전례, 앞서는
(D) 다공성의, 스며드는
(E) 못마땅해 뿌루퉁하다

9.
(A) 대평원
(B) 품위, 세련되게 하다, 윤을 내다
(C) 설교하다
(D) 음료로 적합한
(E) 불안정, 미덥지 않은

10.
(A) 경이로운, 징후의
(B) 용기, 켜다, 강제로 떼어내다
(C) 깍아지는 듯한, 허둥대는
(D) 위약효과
(E) 조상, 전임자

NEARCAPE ADVANCED WORDS 2050

	WORDS	MEANING		WORDS	MEANING
2001	preempt	선점하다	2026	probe	엄밀히 조사하다
2002	preen	멋 부리다, 우쭐대다	2027	probity	청렴, 정직
2003	preface	서문	2028	proclivity	성향
2004	pregnant	의미심장한, 다산의	2029	procrastinate	늑장부리다
2005	preliminary	예비적인	2030	procure	획득하다
2006	premeditated	미리 계획된	2031	prod	쿡쿡 찌르기, 자극하다
2007	preponderant	우세한, 압도적인	2032	prodigal	낭비하는
2008	prepossessing	매력적인	2033	prodigy	천재, 경이로움
2009	preposterous	상식을 벗어난, 불합리한	2034	profane	신성모독하다
2010	presage	전조, 조짐이 있다	2035	proffer	제의하다
2011	prescription	처방	2036	profligate	방탕한, 낭비하는
2012	presentiment	예감	2037	profusion	풍부
2013	preservative	방부제	2038	proliferate	증식하다
2014	presumptuous	뻔뻔스러운, 막무가내의	2039	prolix	지루하게 긴, 장황한
2015	pretense	핑계, 겉치레	2040	prolong	늘이다
2016	prevail	우세하다	2041	prominent	두드러진
2017	prevalent	널리 퍼진	2042	promote	진척시키다, 승진시키다
2018	prevaricate	얼버무리다	2043	propagate	번식시키다, 전하다
2019	prime	최초의, 전성기	2044	propensity	경향
2020	primordial	최초의	2045	propitious	형편 좋은, 길조의
2021	primp	꼼꼼하게 맵시내다	2046	prophetic	예언하는
2022	principal	주요한	2047	propitiate	달래다, 화해시키다
2023	prissy	몹시 깔끔한	2048	proposal	제안
2024	pristine	오염되지 않은, 소박한	2049	prosaic	단조로운, 무미건조한
2025	privilege	특권	2050	proscribe	금지하다

NEARCAPE ADVANCED WORDS 2100

	WORDS	MEANING		WORDS	MEANING
2051	prosecution	고발	2076	puerile	유치한
2052	proselytize	변절시키다	2077	puissance	권력, 세력
2053	prospect	(광산 등)을 시굴하다	2078	pulchritude	미모
2054	prosperous	번영하는	2079	pullet	암탉
2055	prostrate	엎드린	2080	pulverize	가루로 만들다
2056	protagonist	주창자	2081	punch line	결정적 말
2057	protean	다방면의, 변화무쌍한	2082	punctilious	(규정, 형식에) 꼼꼼한
2058	protest	주장하다, 항의하다	2083	pundit	대학자
2059	protocol	외교의례	2084	pungent	신랄한, 톡 쏘는
2060	protract	연장하다	2085	puny	왜소한, 하찮은
2061	protuberant	현저한, 돌출한	2086	purgatory	일시적 고난
2062	provident	선견지명이 있는	2087	purity	맑음, 청결
2063	providential	천우신조의, 운좋은	2088	purlieu	자주 가는 장소
2064	provincial	편협한(사람)	2089	purloin	훔치다
2065	provisional	임시적인	2090	pursue	뒤 쫓다
2066	provisory	조건부의	2091	purvey	조달하다
2067	provoke	자극하다	2092	pusillanimous	소심한
2068	prowess	용기, 탁월한 기량	2093	quaff	쭈욱 들이키다
2069	prude	얌전한체하는 여자	2094	quail	겁먹다
2070	prudent	신중한	2095	quaint	기이한
2071	prudish	몹시 얌전빼는	2096	qualified	자질을 갖춘, 조건부의
2072	prune	말린 자두	2097	qualm	의심, 불안
2073	pry	염탐보다	2098	quarantine	격리
2074	psychology	심리학	2099	quarry	채석장, (지식, 사냥감) 을 찾다
2075	puckish	장난꾸러기의	2100	quash	진압하다, 가라앉히다

NEARCAPE ADVANCED WORDS TEST 2050

1.
(A) 돋보이는
(B) 선점하다
(C) 멋 부리다, 우쭐대다
(D) 서문
(E) 의미심장한, 다산의

2.
(A) 예비적인
(B) 주요한
(C) 매력적인
(D) 최초의
(E) 꼼꼼하게 맵시내다

3.
(A) 단조로운, 무미건조한
(B) 처방
(C) 엄밀히 조사하다
(D) 예감
(E) 늑장부리다

4.
(A) 뻔뻔스러운, 막무가내의
(B) 얼버무리다
(C) 두드러진
(D) 널리 퍼진
(E) 최초의, 전성기

5.
(A) 전조, 조짐이 있다
(B) 우세한, 압도적인
(C) 예언하는
(D) 신성모독하다
(E) 획득하다

6.
(A) 특권
(B) 늘이다
(C) 미리 계획된
(D) 청렴, 정직
(E) 성향

7.
(A) 쿡쿡 찌르기, 자극하다
(B) 풍부
(C) 오염되지 않은, 소박한
(D) 낭비하는
(E) 천재, 경이로움

8.
(A) 몹시 깔끔한
(B) 제안
(C) 제의하다
(D) 방탕한, 낭비하는
(E) 증식하다

9.
(A) 지루하게 긴, 장황한
(B) 핑계, 겉치레
(C) 우세하다
(D) 진척시키다, 승진시키다
(E) 번식시키다, 전하다

10.
(A) 경향
(B) 형편 좋은, 길조의
(C) 방부제
(D) 달래다, 화해시키다
(E) 금지하다

1.
(A) 변절시키다
(B) (광산 등)을 시굴하다
(C) 번영하는
(D) 격리
(E) 엎드린

2.
(A) 주창자
(B) 다방면의, 변화무쌍한
(C) 말린 자두
(D) 현저한, 돌출한
(E) 선견지명이 있는

3.
(A) 천우신조의, 운 좋은
(B) 심리학
(C) 장난꾸러기의
(D) 임시적인
(E) 조건부의

4.
(A) 자극하다
(B) 가루로 만들다
(C) 용기, 탁월한 기량
(D) 대학자
(E) 외교의례

5.
(A) 몹시 얌전빼는
(B) 기이한
(C) 고발
(D) 염탐보다
(E) 얌전한체하는 여자

6.
(A) 연장하다
(B) 미모
(C) 자주 가는 장소
(D) 주장하다, 항의하다
(E) 신랄한, 톡 쏘는

7.
(A) 신중한
(B) 겁먹다
(C) 결정적 말
(D) (규정, 형식에) 꼼꼼한
(E) 왜소한, 하찮은

8.
(A) 조달하다
(B) 편협한(사람)
(C) 채석장, (지식, 사냥감) 을 찾다
(D) 일시적 고난
(E) 맑음, 청결

9.
(A) 권력, 세력
(B) 훔치다
(C) 뒤 쫓다
(D) 소심한
(E) 쭈욱 들이키다

10.
(A) 유치한
(B) 자질을 갖춘, 조건부의
(C) 암닭
(D) 의심, 불안
(E) 진압하다, 가라앉히다

NEARCAPE ADVANCED WORDS 2150

	WORDS	MEANING		WORDS	MEANING
2101	quell	진압하다, 가라앉히다	2126	rambunctious	미친 듯 날뛰는
2102	quench	끄다, 물로 식히다, 억제하다	2127	rampart	성벽
2103	querulous	불평 많은	2128	ramshackle	덜커덩거리는
2104	quest	요구하다	2129	rancid	악취가 나는
2105	questionnaire	질문사항	2130	rancor	원한
2106	queue	줄	2131	randomize	무작위 추출하다
2107	quibble	트집(잡다), 요점을 얼버무리다	2132	range	산맥
2108	quicksand	헤어나기 힘든 상황	2133	ranger	산림경비원
2109	quiescent	조용한	2134	rank	고약한 냄새나는
2110	quip	빈정대는 말	2135	rankle	안달 나게 괴롭히다
2111	quixotic	돈키호테식의	2136	rant	호통 치다
2112	quota	할당량	2137	rapacious	만족할 줄 모르는
2113	quotidian	매일의, 흔해빠진	2138	rapport	(조화 있는) 관계
2114	rabble	폭도	2139	rapprochement	국가간의 친선
2115	rabid	과격한, 미쳐 날뛰는	2140	rapt	몰두한, 푹 빠진
2116	racketeer	무법자	2141	rash	무모한, 신중치 못한
2117	raconteur	이야기꾼	2142	raisin	건포도
2118	racy	(이야기가) 짜릿한, 통쾌한	2143	raspy	칠판 긁는 소리 나는
2119	raffish	비천한, 저속한	2144	ratify	비준(승인) 하다
2120	raffle	복권식 판매	2145	ratiocination	추리, 추론
2121	rafter	(지붕의) 서까래	2146	ration	(식품의) 할당량
2122	rage	격노	2147	rationalize	추론하다
2123	ragged	너덜너덜한	2148	raucous	귀에 거슬리는
2124	rail	욕하다	2149	ravel	(실 등을) 풀다
2125	ramble	어슬렁거리다 (쓸데없이)	2150	rave	극찬

85

NEARCAPE ADVANCED WORDS 2200

	WORDS	MEANING		WORDS	MEANING
2151	ravenous	걸신들린	2176	rectitude	정직, 공정
2152	raze	파괴하다	2177	recuperative	회복력이 있는
2153	reactant	반응물	2178	redolent	향기 나는
2154	reactionary	보수적인, 반동의	2179	redoubtable	가공할, 외경스러운
2155	ream	종이 단위 (500장)	2180	redress	바로잡다
2156	reaper	수확하는 사람	2181	redundant	장황한, 불필요한
2157	reassure	안심시키다	2182	reel	감는 틀
2158	rebuff	거절하다, 퇴짜 놓다	2183	refectory	식당
2159	rebus	수수께끼 그림	2184	refinery	정제소
2160	recalcitrant	반항하는, 다루기 힘든	2185	reflective	심사숙고하는
2161	recant	(진술, 믿음) 을 철회하다	2186	refractory	다루기 힘든
2162	receipt	영수증	2187	refresh	상쾌하게 하다
2163	receptacle	그릇	2188	refugee	난민
2164	recessive	열성의	2189	refuse	쓰레기
2165	recidivism	상습적 범죄	2190	refute	반박하다
2166	reciprocate	왕복운동하다, 보답하다	2191	regard	존경
2167	reckless	앞뒤 안 가리는, 무모한	2192	regenerate	갱생한
2168	reclaim	갱생시키다, 개간하다	2193	regimen	요양법
2169	recluse	은둔자	2194	regression	후퇴, 퇴화
2170	recoil	후퇴하다, 뒤로 물러가다	2195	rehabilitation	재건, 부흥
2171	reconcile	화해시키다	2196	reign	지배
2172	recondite	난해한, 숨겨진	2197	rein	고삐 억제 규제
2173	reconnoiter	정찰하다, 답사하다	2198	reiterate	되풀이하다
2174	reconstitute	원상태로 돌리다, 물을 타다	2199	rejoice	기뻐하다
2175	rectify	조정하다	2200	relapse	다시 타락하다, 재발하다

1.
(A) 끄다, 물로 식히다, 억제하다
(B) 요구하다
(C) 추론하다
(D) 질문사항
(E) 줄

2.
(A) 트집(잡다) , 요점을 얼버무리다
(B) 헤어나기 힘든 상황
(C) 조용한
(D) 너덜너덜한
(E) 할당량

3.
(A) 매일의, 흔해빠진
(B) 폭도
(C) 어슬렁거리다(쓸데없이)
(D) 돈키호테식의
(E) 미친 듯 날뛰는

4.
(A) 원한
(B) 무법자
(C) 이야기꾼
(D) 건포도
(E) (이야기가) 짜릿한, 통쾌한

5.
(A) 비천한, 저속한
(B) 복권식 판매
(C) 성벽
(D) (식품의) 할당량
(E) 안달 나게 괴롭히다

6.
(A) 무작위 추출하다
(B) 덜커덩거리는
(C) 무모한, 신중치 못한
(D) 진압하다, 가라앉히다
(E) 악취가 나는

7.
(A) (지붕의) 서까래
(B) 산맥
(C) (조화 있는) 관계
(D) 욕하다
(E) 산림경비원

8.
(A) 고약한 냄새나는
(B) 격노
(C) 극찬
(D) 호통치다
(E) 만족할 줄 모르는

9.
(A) 국가간의 친선
(B) 몰두한, 푹 빠진
(C) 빈정대는 말
(D) 칠판 긁는 소리나는
(E) 과격한, 미쳐 날뛰는

10.
(A) 비준(승인) 하다
(B) 불평 많은
(C) 추리, 추론
(D) 귀에 거슬리는
(E) (실 등을) 풀다

NEARCAPE ADVANCED WORDS TEST 2200

1.
(A) 파괴하다
(B) 보수적인, 반동의
(C) 종이 단위 (500장)
(D) 수확하는 사람
(E) 안심시키다

2.
(A) 기뻐하다
(B) 수수께끼 그림
(C) 반항하는, 다루기 힘든
(D) (진술, 믿음)을 철회하다
(E) 난해한, 숨겨진

3.
(A) 정찰하다, 답사하다
(B) 그릇
(C) 열성의
(D) 상습적 범죄
(E) 왕복운동하다, 보답하다

4.
(A) 후퇴하다, 뒤로 물러가다
(B) 은둔자
(C) 장황한, 불필요한
(D) 화해시키다
(E) 정제소

5.
(A) 앞뒤 안 가리는, 무모한
(B) 원상태로 돌리다, 물을 타다
(C) 지배
(D) 조정하다
(E) 고삐 억제 규제

6.
(A) 영수증
(B) 회복력이 있는
(C) 향기 나는
(D) 쓰레기
(E) 되풀이하다

7.
(A) 심사숙고하는
(B) 가공할, 외경스러운
(C) 재건, 부흥
(D) 감는 틀
(E) 식당

8.
(A) 다루기 힘든
(B) 갱생한
(C) 갱생시키다, 개간하다
(D) 다시 타락하다, 재발하다
(E) 상쾌하게 하다

9.
(A) 난민
(B) 정직, 공정
(C) 반박하다
(D) 존경
(E) 요양법

10.
(A) 후퇴, 퇴화
(B) 거절하다, 퇴짜 놓다
(C) 반응물
(D) 바로잡다
(E) 걸신들린

NEARCAPE ADVANCED WORDS 2250

	WORDS	MEANING		WORDS	MEANING
2201	release	풀어주다	2226	reprehensible	비난할만한
2202	relentless	냉혹한, 잔인한	2227	repressed	억압된
2203	relevant	관련된, 적절한	2228	reprieve	형 집행연기
2204	religion	종교	2229	reprimand	비난하다
2205	relinquish	(소유, 권리) 를 포기하다	2230	reprisal	보복
2206	relish	즐기다, 좋아하다	2231	reproach	비난하다, 질책
2207	remiss	태만한, 부주의한	2232	reprobate	난봉꾼, 타락한, 비난하다
2208	remnant	파편, 유물	2233	reproof	책망
2209	remodel	고쳐 만들다	2234	reprove	꾸짖다
2210	remonstrance	항의, 항변	2235	repudiate	거절하다, 부인하다
2211	remorse	양심의 가책	2236	repugnant	혐오하는
2212	remote	먼 장래의	2237	repulse	퇴짜 놓다
2213	remunerate	보답하다	2238	rescind	폐지하다, 철회하다
2214	rend	찢다, 분열시키다	2239	resentment	분개
2215	renounce	포기하다	2240	reserved	(언행이) 조심스런
2216	renovate	혁신하다, 기운 나게 하다	2241	resign	사임하다
2217	repartee	재치 있는 응답	2242	resin	나무의 진
2218	repatriate	본국으로 송환하다	2243	resolute	굳게 결심한, 단호한
2219	repeal	폐지하다, 철회하다	2244	resonant	울려 퍼지는
2220	repel	물리치다, 불쾌감을 느끼다	2245	resourceful	재치 있는
2221	repellent	불쾌한	2246	respite	일시적 중단
2222	repertoire	목록, 연주목록	2247	resplendent	화려한, 눈부신
2223	repine	투덜대다	2248	responsive	민감한
2224	replete	충분한	2249	restive	차분하지 못한, 다루기 힘든
2225	repose	휴식	2250	restore	부흥하다, 재건하다

NEARCAPE ADVANCED WORDS 2300

	WORDS	MEANING		WORDS	MEANING
2251	restrain	억누르다, 말리다	2276	rig	승부를 조작하다
2252	resurgence	소생자	2277	rigid	경직된, 굳은
2253	resuscitate	소생시키다	2278	rigorous	엄격한, 정확한
2254	retainer	신하	2279	rile	화나게 하다, 짜증나게 하다
2255	retard	지체시키다	2280	risible	웃음을 자아내는
2256	reticent	과묵한	2281	rite	엄숙한 의식
2257	retinue	수행원	2282	rival	경쟁자
2258	retort	재치 있는 응수	2283	rive	갈기갈기 찢다
2259	retouch	손질하다	2284	robust	튼튼한
2260	retract	철회하다, 움츠러들다	2285	rodent	설치류
2261	retreat	피난, 은퇴	2286	roil	휘저어 흐리게 만들다
2262	retrench	줄이다, 절약하다	2287	roisterer	술 마시며 떠들다
2263	retrospective	회고의	2288	riot	폭동을 일으키다
2264	revenge	복수	2289	roster	명단
2265	revere	경외하다	2290	rosy	장밋빛의
2266	revise	교정하다	2291	rouse	자극하다
2267	revive	소생시키다, 기운 나게 하다	2292	rubicund	혈색이 좋은
2268	revue	시사풍자극	2293	rudder	방향타
2269	rewarding	보답하는	2294	rue	후회, 뉘우치다
2270	ribald	상스러운, 야비한	2295	ruffian	악당
2271	rickety	삐걱거리는	2296	ruffle	주름장식, 헝클어뜨리다
2272	rider	추가조항	2297	ruminate	심사숙고하다
2273	ridicule	비웃다, 조롱	2298	rumple	구김살
2274	rife	유행하는, 가득 찬	2299	run	연속공연
2275	rift	불화, 틈	2300	rupture	파열, 불화

NEARCAPE ADVANCED WORDS TEST 2250

1.
(A) 풀어 주다
(B) 냉혹한, 잔인한
(C) 관련된, 적절한
(D) 종교
(E) 즐기다, 좋아하다

2.
(A) 태만한, 부주의한
(B) 불쾌한
(C) 고쳐 만들다
(D) 양심의 가책
(E) 먼 장래의

3.
(A) 투덜대다
(B) 충분한
(C) 찢다, 분열시키다
(D) 포기하다
(E) 형 집행연기

4.
(A) 혁신하다, 기운나게 하다
(B) 비난하다, 질책
(C) 재치 있는 응답
(D) 부흥하다, 재건하다
(E) 굳게 결심한, 단호한

5.
(A) 물리치다, 불쾌감을 느끼다
(B) 재치 있는
(C) 목록, 연주목록
(D) 보답하다
(E) 파편, 유물

6.
(A) 혐오하는
(B) 일시적 중단
(C) 난봉꾼, 타락한, 비난하다
(D) 억압된
(E) 나무의 진

7.
(A) 비난하다
(B) 보복
(C) 책망
(D) 분개
(E) 비난할만한

8.
(A) 화려한, 눈부신
(B) 꾸짖다
(C) 거절하다, 부인하다
(D) 휴식
(E) 퇴짜 놓다

9.
(A) 폐지하다, 철회하다
(B) (언행이) 조심스런
(C) 사임하다
(D) 본국으로 송환하다
(E) 울려 퍼지는

10.
(A) 폐지하다, 철회하다
(B) 항의, 항변
(C) 민감한
(D) (소유, 권리)를 포기하다
(E) 차분하지 못한, 다루기 힘든

NEARCAPE ADVANCED WORDS TEST 2300

1.
(A) 억누르다, 말리다
(B) 소생시키다
(C) 신하
(D) 지체시키다
(E) 연속공연

2.
(A) 과묵한
(B) 삐걱거리는
(C) 철회하다, 움츠러들다
(D) 피난, 은퇴
(E) 줄이다, 절약하다

3.
(A) 비웃다, 조롱
(B) 유행하는, 가득 찬
(C) 복수
(D) 경외하다
(E) 교정하다

4.
(A) 소생시키다, 기운나게 하다
(B) 재치 있는 응수
(C) 상스러운, 야비한
(D) 경쟁자
(E) 추가조항

5.
(A) 설치류
(B) 악당
(C) 시사 풍자극
(D) 불화, 틈
(E) 심사숙고하다

6.
(A) 승부를 조작하다
(B) 엄숙한 의식
(C) 회고의
(D) 엄격한, 정확한
(E) 화나게 하다, 짜증나게 하다

7.
(A) 장밋빛의
(B) 휘저어 흐리게 만들다
(C) 웃음을 자아내는
(D) 주름 장식, 헝클어뜨리다
(E) 갈기갈기 찢다

8.
(A) 수행원
(B) 튼튼한
(C) 술 마시며 떠들다
(D) 방향타
(E) 보답하는

9.
(A) 폭동을 일으키다
(B) 명단
(C) 경직된, 굳은
(D) 자극하다
(E) 혈색이 좋은

10.
(A) 후회, 뉘우치다
(B) 손질하다
(C) 소생자
(D) 구김살
(E) 파열, 불화

NEARCAPE ADVANCED WORDS 2350

	WORDS	MEANING		WORDS	MEANING
2301	rustic	전원풍의, 소박한	2326	sartorial	재봉사의
2302	rustling	가축을 훔침	2327	satiate	실컷 만족시키다
2303	rostrum	연단	2328	satire	풍자[문학]
2304	sabbatical	안식년의	2329	saturated	흠뻑 젖은
2305	sabotage	고의로 파괴하다	2330	saturnine	음울한
2306	saccharine	달콤한	2331	saunter	어슬렁거리다
2307	sacrifice	산 제물 바치는 일	2332	savanna	대초원
2308	sacrilege	신성모독	2333	savory	맛있는
2309	safeguard	보호 수단	2334	savvy	재치(있는)
2310	sagacious	(판단, 통찰력 등) 현명한	2335	scale	저울로 재다, 음계
2311	sage	현명한, 사려분별 있는 사람	2336	scalpel	외과용 메스
2312	salient	현저한, 두드러진	2337	scan	운율을 살피다, 면밀히 조사하다
2313	salmon	연어	2338	scanty	부족한, 빠듯한
2314	salubrious	건강에 좋은	2339	scapegoat	남의 죄를 떠맡는 사람
2315	salutary	유익한, 건강에 좋은	2340	scarp	급경사
2316	salvage	해난구조, 구출하다	2341	scathing	상처를 주는, 신랄한
2317	salve	연고, 아첨, 진정시키다	2342	schematic	도식적인
2318	sanctify	신성하게하다	2343	scintillating	(재담 등) 번뜩이는
2319	sanctimonious	독실한 신자인 체하는	2344	schism	분열, 분파
2320	sanctuary	보호구역, 피난처	2345	scion	자손
2321	sand	사포질하다	2346	scoff	비웃다, 조롱하다
2322	sanguine	자신만만한, 낙천적인	2347	scooter	스쿠터
2323	sanitation	공중위생	2348	score	악보
2324	sapient	지혜로운	2349	scorn	경멸하다
2325	sarcastic	빈정대는, 비꼬는	2350	scour	문질러 닦다

NEARCAPE ADVANCED WORDS 2400

	WORDS	MEANING		WORDS	MEANING
2351	scowl	얼굴을 찌푸리다	2376	sentinel	보초
2352	scrappy	공격적인	2377	sepulchral	무덤의, 음산한
2353	scrawl	아무렇게나 휘갈겨 쓰다	2378	sequester	격리하다
2354	screw	나사	2379	sere	시든, 말라빠진
2355	scribble	휘갈겨 쓰다	2380	serendipity	우연히 발견하는 능력
2356	script	대본	2381	serenity	평온
2357	scrupulous	진실한, 꼼꼼한	2382	serfdom	농노의 신분
2358	scrutable	이해할 수 있는	2383	sermon	설교
2359	scrutinize	정밀조사하다, 빤히 쳐다보다	2384	serrate	톱니모양의, 깔죽깔죽한
2360	scuff	발 끌기	2385	serried	밀집한, 빽빽한
2361	sculptor	조각가	2386	servile	굽실대는
2362	scurrilous	상스러운	2387	severe	심한, 엄격한
2363	scurvy	야비한	2388	shackle	수갑, 구속하다
2364	scythe	큰 낫	2389	shadow	미행하다
2365	secrete	분비하다	2390	shale	이판암
2366	sedate	진정시키다, 차분한	2391	shallow	깊이가 없는
2367	sedentary	정착성의	2392	shard	(도자기) 파편, 껍질
2368	seduce	매혹하다	2393	shelter	피난처, 숨다
2369	sedulous	부지런한, 꼼꼼한	2394	sheep	양
2370	seemly	예의바른	2395	shiftless	야심 없는
2371	seminal	미발달의, 발전가능성이 있는	2396	shirk	회피하다
2372	seminary	신학교	2397	shopworn	오래된 찌든, 진부한
2373	sensation	감각	2398	shred	조각
2374	sensitive	민감한, 과민한	2399	shrewd	약삭빠른, 영민한
2375	sentient	의식(감각)이 있는	2400	shrink	움츠리다

NEARCAPE ADVANCED WORDS TEST 2350

1.
(A) 가축을 훔침
(B) 경멸하다
(C) 안식년의
(D) 고의로 파괴하다
(E) 달콤한

2.
(A) 산 제물 바치는 일
(B) 신성모독
(C) 보호 수단
(D) 공중위생
(E) 현저한, 두드러진

3.
(A) 연어
(B) 건강에 좋은
(C) 빈정대는, 비꼬는
(D) 재봉사의
(E) 해난구조, 구출하다

4.
(A) 사포질하다
(B) 연고, 아첨, 진정시키다
(C) 대초원
(D) 신성하게하다
(E) 독실한 신자인 체하는

5.
(A) (재담 등) 번뜩이는
(B) (판단, 통찰력 등) 현명한
(C) 자손
(D) 자신만만한, 낙천적인
(E) 풍자[문학]

6.
(A) 유익한, 건강에 좋은
(B) 운율을 살피다, 면밀히 조사하다
(C) 스쿠터
(D) 맛있는
(E) 현명한, 사려분별 있는 사람

7.
(A) 도식적인
(B) 음울한
(C) 어슬렁거리다
(D) 재치(있는)
(E) 남의 죄를 떠맡는 사람

8.
(A) 실컷 만족시키다
(B) 연단
(C) 저울로 재다, 음계
(D) 외과용 메스
(E) 보호구역, 피난처

9.
(A) 전원풍의, 소박한
(B) 부족한, 빠듯한
(C) 급경사
(D) 상처를 주는, 신랄한
(E) 지혜로운

10.
(A) 분열, 분파
(B) 흠뻑 젖은
(C) 비웃다, 조롱하다
(D) 악보
(E) 문질러 닦다

1.
(A) 공격적인
(B) 아무렇게나 휘갈겨 쓰다
(C) 야심 없는
(D) 나사
(E) 휘갈겨 쓰다

2.
(A) 진실한, 꼼꼼한
(B) 이해할 수 있는
(C) 정밀조사하다, 빤히 쳐다보다
(D) 발 끌기
(E) 조각가

3.
(A) 상스러운
(B) 보초
(C) 분비하다
(D) 진정시키다, 차분한
(E) 정착성의

4.
(A) 격리하다
(B) 시든, 말라빠진
(C) 부지런한, 꼼꼼한
(D) 예의바른
(E) 설교

5.
(A) 미발달의, 발전 가능성이 있는
(B) 굽실대는
(C) 오래된 찌든, 진부한
(D) 신학교
(E) 야비한

6.
(A) 얼굴을 찌푸리다
(B) 의식(감각) 이 있는
(C) 민감한, 과민한
(D) 무덤의, 음산한
(E) 매혹하다

7.
(A) 큰 낫
(B) 깊이가 없는
(C) 심한, 엄격한
(D) 농노의 신분
(E) 조각

8.
(A) 톱니모양의, 깔죽깔죽한
(B) 약삭빠른, 영민한
(C) 밀집한, 빽빽한
(D) 수갑, 구속하다
(E) 양

9.
(A) 평온
(B) 미행하다
(C) 이판암
(D) 우연히 발견하는 능력
(E) (도자기) 파편, 껍질

10.
(A) 피난처, 숨다
(B) 회피하다
(C) 감각
(D) 대본
(E) 움츠리다

NEARCAPE ADVANCED WORDS 2450

	WORDS	MEANING		WORDS	MEANING
2401	shrug	어깨를 으쓱하다	2426	slant	~한 경향이 있다, ~로 기울다
2402	shunt	회피하다	2427	slapdash	겉날리는
2403	shuttle	정기왕복 편	2428	slate	후보자명단
2404	sibilant	쉬 소리 나는	2429	slew	다량
2405	sidereal	별의	2430	slight	근소한, 약간의 경멸
2406	signal	현저한, 두드러진	2431	slink	살금살금 걷다
2407	simper	바보 같은 웃음 짓다	2432	slippery	미끄러운
2408	simpleton	바보	2433	slipshod	되는 대로의
2409	simplicity	우직함	2434	slogan	슬로건
2410	simulate	흉내 내다, 가장하다	2435	sloppy	부주의한
2411	sin	죄	2436	sloth	태만
2412	sincere	성실한	2437	slouch	앞으로 엎드리다
2413	sinew	체력	2438	sloven	단정치 못한 사람
2414	singular	남다른	2439	slumber	선잠
2415	sinister	불길한, 불운한	2440	slur	비방하다
2416	sinuous	꾸불꾸불한	2441	sly	교활한
2417	sip	한 모금씩 마시다	2442	smarmy	아첨하는
2418	siren	요부	2443	smart	말쑥한, 푹푹 쑤시다
2419	skeptic	의심 많은, 회의론자	2444	smattering	겉핥기
2420	sketchy	피상적인	2445	smirk	(고자세로) 선웃음 짓다
2421	skimp	인색하게 굴다	2446	smother	숨 막히게 하다
2422	skirt	회피하다	2447	smug	자기만족의, 잘난체하는
2423	skit	소희극	2448	smuggle	밀수하다
2424	skittish	쾌활한	2449	snag	돌출된 것
2425	slake	축이다, 만족시키다	2450	snarl	헝클어지다, 으르렁거리다

NEARCAPE ADVANCED WORDS 2500

	WORDS	MEANING		WORDS	MEANING
2451	sneer	냉소	2476	spartan	엄격하고 간소한
2452	snob	속물	2477	spate	대량
2453	snub	냉대, 핀잔주다	2478	specialist	전문가
2454	soak	흠뻑 적시다, 쏘옥 담그다	2479	specificity	특이성
2455	sober	차분한, 냉정한, 절제하는	2480	specious	겉만 번드르한, 그럴듯한
2456	sodden	흠뻑 젖은	2481	speck	미세한 것, 작은 얼룩
2457	soggy	흠뻑 젖은	2482	spectator	구경꾼
2458	solace	위로	2483	speculate	추측하다
2459	solder	유대	2484	spendthrift	방탕아
2460	solemn	진지한	2485	spent	다써버린
2461	solicitous	염려하는	2486	spindly	허약한
2462	solvent	지불 능력 있는, 용매	2487	spiny	곤란한, 가시밭길의
2463	somber	우울한, 진지한	2488	spire	첨탑
2464	somnolence	졸림	2489	spleen	원한
2465	sonata	소나타	2490	splint	부목
2466	sonnet	소네트 14행시	2491	spoil	응석 받아주다
2467	soothe	진정시키다	2492	spoke	바퀴살
2468	sop	회유책, 뇌물	2493	spontaneous	임의의, 자발적인
2469	sophism	궤변	2494	spoof	희문
2470	sophistication	세상물정에 익숙함	2495	sporadic	간헐적인
2471	sophomoric	아는체하는	2496	sprain	염좌
2472	soporific	최면제	2497	sprightly	쾌활한
2473	sordid	더러운, 야비한	2498	spur	자극하다
2474	sound	안정된, 정당한	2499	spurious	가짜의
2475	sparse	희박한	2500	spurn	"흥" 코방귀뀌다, 냉대하다

98

1.
(A) 회피하다
(B) 정기왕복 편
(C) 쉬 소리 나는
(D) 별의
(E) 현저한, 두드러진

2.
(A) 자기만족의, 잘난체하는
(B) 바보
(C) 우직함
(D) 흉내 내다, 가장하다
(E) 죄

3.
(A) 성실한
(B) ~한 경향이 있다, ~로 기울다
(C) 불길한, 불운한
(D) 꾸불꾸불한
(E) 한 모금씩 마시다

4.
(A) 후보자명단
(B) 남다른
(C) 다량
(D) 되는 대로의
(E) 의심 많은, 회의론자

5.
(A) 피상적인
(B) 바보 같은 웃음 짓다
(C) 인색하게 굴다
(D) 숨 막히게 하다
(E) 회피하다

6.
(A) 소희극
(B) 근소한, 약간의 경멸
(C) 단정치 못한 사람
(D) 돌출된 것
(E) 슬로건

7.
(A) 살금살금 걷다
(B) 겉핥기
(C) 미끄러운
(D) 쾌활한
(E) 부주의한

8.
(A) 교활한
(B) 겁날리는
(C) 어깨를 으쓱하다
(D) 태만
(E) 앞으로 엎드리다

9.
(A) 축이다, 만족시키다
(B) 선잠
(C) 비방하다
(D) 아첨하는
(E) 말쑥한, 쿡쿡 쑤시다

10.
(A) 체력
(B) (고자세로) 선웃음 짓다
(C) 요부
(D) 밀수하다
(E) 헝클어지다, 으르렁거리다

NEARCAPE ADVANCED WORDS TEST 2500

1.
(A) 속물
(B) 냉대, 핀잔주다
(C) 흠뻑 적시다, 쏘옥 담그다
(D) 차분한, 냉정한, 절제하는
(E) 흠뻑 젖은

2.
(A) 흠뻑 젖은
(B) 위로
(C) 염좌
(D) 유대
(E) 안정된, 정당한

3.
(A) 우울한, 진지한
(B) 졸림
(C) 소나타
(D) 소네트 14행시
(E) 엄격하고 간소한

4.
(A) 최면제
(B) 대량
(C) 진정시키다
(D) 진지한
(E) 회유책, 뇌물

5.
(A) 궤변
(B) 희박한
(C) 아는체하는
(D) 자극하다
(E) 다 써버린

6.
(A) 미세한 것, 작은 얼룩
(B) 전문가
(C) 응석 받아주다
(D) 가짜의
(E) 지불능력 있는, 용매

7.
(A) 겉만 번드르한, 그럴듯한
(B) 구경꾼
(C) 첨탑
(D) 더러운, 야비한
(E) 추측하다

8.
(A) 방탕아
(B) 염려하는
(C) 허약한
(D) "흥" 코방귀뀌다, 냉대하다
(E) 곤란한, 가시밭길의

9.
(A) 원한
(B) 부목
(C) 세상물정에 익숙함
(D) 바퀴살
(E) 특이성

10.
(A) 임의의, 자발적인
(B) 희문
(C) 간헐적인
(D) 쾌활한
(E) 냉소

100

NEARCAPE ADVANCED WORDS 2550

	WORDS	MEANING		WORDS	MEANING
2501	squabble	말다툼	2526	stifle	억압하다, 억누르다
2502	squalid	더러운, 야비한	2527	stigma	치욕
2503	squall	순간적인 소란	2528	stilted	과장한
2504	squalor	더러움, 비열함	2529	stint	절약하다
2505	squander	낭비하다	2530	stingy	인색한
2506	squelch	짓누르다, 진압하다	2531	stipple	점각하다
2507	stagnant	정체된	2532	stock	재고, 평범한
2508	staid	침착한	2533	stockade	방책
2509	stain	염료, 얼룩	2534	stodgy	보수적인, 재미없는
2510	stalemate	교착상태	2535	stoic	금욕주의의, 금욕주의자
2511	stalwart	튼튼한	2536	stoke	불을 지피다
2512	stammer	더듬으며 말하다	2537	stolid	멍청한
2513	stanza	절, 연	2538	stouthearted	대담한
2514	stark	굳어진	2539	straggle	낙오하다
2515	startle	깜짝 놀라다	2540	strait	해협
2516	static	정적인	2541	stratify	계층화시키다
2517	stature	신장	2542	stray	일행을 놓친
2518	steadfast	확고부동의	2543	strength	세기
2519	stealth	은밀한 방법	2544	striate	홈을 새겨 넣다
2520	steep	(우려내듯) 적시다, 가파른	2545	stricture	혹평
2521	stench	악취	2546	stride	성큼성큼 걷다
2522	stentorian	큰 소리의	2547	strident	귀에 거슬리는
2523	sterile	불모의, 살균한	2548	strike	매달을 주조하다
2524	stickler	깐깐한 사람	2549	stringent	엄격한
2525	stiff	단호한	2550	strip	벗기다

NEARCAPE ADVANCED WORDS 2600

	WORDS	MEANING		WORDS	MEANING
2551	strut	뽐내며 걷다, 버팀목	2576	succor	(고난, 슬픔) 에서 도와주다
2552	stubborn	완고한	2577	suffuse	가득하게 하다
2553	studio	작업장	2578	suite	수행원, 특별실
2554	stultify	바보로 만들다, 무효화하다	2579	sulky	뚱한, 음침한
2555	stun	아연실색하게하다	2580	sullen	뚱한, 음침한
2556	stunt	발육저지(하다)	2581	summary	요약
2557	sturdy	힘센	2582	summit	정상, 정점
2558	stylus	첨필	2583	summary	즉결의
2559	stymie	방해하다	2584	summon	소환하다
2560	subdue	정복하다, 억누르다	2585	sumptuous	호화로운
2561	subject	피지배자	2586	sunder	절단하다
2562	subjugate	복종시키다	2587	supercilious	거만한
2563	sublime	장엄한, 경외할만한	2588	superficial	표면상의
2564	submerge	물에 담그다	2589	superfluous	여분의, 불필요한
2565	submissive	순종하는	2590	supple	유연한
2566	subordinate	부차적인, 복종하는	2591	supplement	보충, 추가
2567	subpoena	소환장	2592	supplicate	무릎 꿇고 간청하다
2568	subside	가라앉다	2593	suppress	억압하다
2569	subsidiary	보조의	2594	surfeit	과다한 공급
2570	subsidy	보조금	2595	surgeon	외과의사
2571	substantial	실체의, 중요한, 상당한	2596	surrender	양도하다
2572	substantiate	확증하다	2597	surreptitious	은밀한
2573	subterfuge	핑계, 구실	2598	surrogate	대리인
2574	subtle	포착하기 어려운, 미묘한	2599	suspend	매달다, 중지하다
2575	succinct	간결한	2600	suspicion	의심

NEARCAPE ADVANCED WORDS TEST 2550

1.
(A) 더러운, 야비한
(B) 순간적인 소란
(C) 더러움, 비열함
(D) 벗기다
(E) 낭비하다

2.
(A) 짓누르다, 진압하다
(B) 정체된
(C) 침착한
(D) 불모의, 살균한
(E) 튼튼한

3.
(A) 절, 연
(B) 굳어진
(C) 단호한
(D) 억압하다, 억누르다
(E) 정적인

4.
(A) 신장
(B) 확고부동의
(C) 점각하다
(D) 은밀한 방법
(E) 보수적인, 재미없는

5.
(A) 치욕
(B) 염료, 얼룩
(C) 큰 소리의
(D) 더듬으며 말하다
(E) 깐깐한 사람

6.
(A) (우려내듯) 적시다, 가파른
(B) 인색한
(C) 교착상태
(D) 절약하다
(E) 낙오하다

7.
(A) 금욕주의의, 금욕주의자
(B) 악취
(C) 혹평
(D) 재고, 평범한
(E) 방책

8.
(A) 귀에 거슬리는
(B) 불을 지피다
(C) 일행을 놓친
(D) 깜짝 놀라다
(E) 멍청한

9.
(A) 대담한
(B) 과장한
(C) 해협
(D) 계층화시키다
(E) 세기

10.
(A) 홈을 새겨 넣다
(B) 성큼성큼 걷다
(C) 매달을 주조하다
(D) 말다툼
(E) 엄격한

NEARCAPE ADVANCED WORDS TEST 2600

1.
(A) 뽐내며 걷다, 버팀목
(B) 완고한
(C) 작업장
(D) 아연실색하게 하다
(E) 의심

2.
(A) 발육저지(하다)
(B) 힘센
(C) 확증하다
(D) 피지배자
(E) 복종시키다

3.
(A) 장엄한, 경외할만한
(B) 포착하기 어려운, 미묘한
(C) 간결한
(D) 순종하는
(E) 보조금

4.
(A) 부차적인, 복종하는
(B) 요약
(C) 소환장
(D) 가라앉다
(E) 정복하다, 억누르다

5.
(A) 첨필
(B) 과다한 공급
(C) 실체의, 중요한, 상당한
(D) 가득하게 하다
(E) 물에 담그다

6.
(A) 절단하다
(B) 양도하다
(C) 정상, 정점
(D) 방해하다
(E) 무릎 꿇고 간청하다

7.
(A) 똥한, 음침한
(B) 똥한, 음침한
(C) 즉결의
(D) 여분의, 불필요한
(E) (고난, 슬픔)에서 도와주다

8.
(A) 바보로 만들다, 무효화하다
(B) 소환하다
(C) 호화로운
(D) 보조의
(E) 거만한

9.
(A) 표면상의
(B) 유연한
(C) 보충, 추가
(D) 핑계, 구실
(E) 억압하다

10.
(A) 수행원, 특별실
(B) 외과의사
(C) 은밀한
(D) 대리인
(E) 매달다, 중지하다

NEARCAPE ADVANCED WORDS 2650

	WORDS	MEANING		WORDS	MEANING
2601	suture	봉합술	2626	tamper	어설프게 만지다
2602	svelte	날씬한	2627	tangent	(주제, 코스) 에서 벗어난
2603	swagger	뽐내며 걷다, 허세부리다	2628	tangy	냄새가 톡 쏘는
2604	swamp	늪, 곤경	2629	tantalize	애타게 하여 괴롭히다
2605	sweltering	무더운, 찌는 듯한	2630	tantamount	동등한
2606	swerve	갑자기 이탈하다	2631	tantrum	울화통
2607	swill	마구 마시다	2632	taper	끝이 점점 가늘어지다
2608	swindle	사기 치다	2633	tapestry	줄무늬 양탄자
2609	swing	그네	2634	tardy	더딘
2610	sybarite	사치와 향락을 일삼는 사람	2635	tarnish	흐리게 하다, 변색시키다
2611	sycophant	아첨꾼	2636	tarpaulin	방수 외투
2612	syllogism	연역적 추론	2637	tasty	재미있는
2613	symbiosis	공생	2638	tatty	촌스런, 넝마의
2614	symphony	교향악단, 교향곡	2639	taunt	비웃어 ~하게 하다
2615	synergic	협력의	2640	taut	긴장된
2616	synopsis	개요	2641	tawdry	싸구려의
2617	synthesis	합성	2642	taxing	부담스러운
2618	taciturn	말없는, 과묵한	2643	tear	찢다, (찢어져 생긴) 홈
2619	tackle	도르래장치	2644	tease	괴롭히다
2620	tacky	끈적끈적한	2645	tedious	지루한, 진부한
2621	tactile	촉각의, 만져서 알 수 있는	2646	teeter	망설이다, 동요하다, 시소 타다
2622	tactless	요령 없는, 외교적 수완이 없는	2647	telling	효과적인
2623	tag	꼬리표	2648	temerity	무모, 만용
2624	taint	얼룩, 더럽히다, 타락시키다	2649	temperate	절제하는, 삼가는
2625	tame	유순한, 지루한	2650	tenable	방어할 수 있는

NEARCAPE ADVANCED WORDS 2700

	WORDS	MEANING		WORDS	MEANING
2651	tenacious	몹시 집착하는, 고집 센	2676	tinge	엷은 색조를 띠다
2652	tendentious	명확한 목적[의도]을 지닌	2677	tinker	어설프게 건들다
2653	tendinous	힘줄의	2678	tint	엷은 빛깔
2654	tepid	열의 없는, 미지근한	2679	tirade	격론
2655	terminus	종점	2680	toady	아첨꾼
2656	terror	소름끼치는 공포	2681	token	표시의, 화폐
2657	testator	유언자	2682	tolerance	관용, 내성
2658	testimony	증언	2683	tong	집게, 집게를 쓰다
2659	testy	성 잘 내는, 성깔 있는	2684	tonic	강장제
2660	tether	(밧줄로) 매어두다	2685	tonsorial	이발사
2661	theatrical	부자연스런, 아마추어배우	2686	topsy-turvy	뒤죽박죽의, 혼란한
2662	theology	신학	2687	torpid	둔한, 활발치 못한
2663	therapeutic	치료의	2688	torpor	무기력, 무감각
2664	thorny	가시밭길의	2689	torrid	열렬한
2665	threadbare	진부한	2690	tortuous	솔직하지 못한, 에우르는
2666	thrive	번영하다	2691	tourniquet	지혈 도구
2667	throng	떼 지어 모여들다	2692	tractable	다루기 쉬운, 세공하기 좋은
2668	thwart	훼방 놓다	2693	trait	특성
2669	ticklish	신경질적인	2694	transcend	넘어서다
2670	tidy	말쑥한	2695	transfigure	외형을 바꾸다
2671	tiff	가벼운 입씨름	2696	transgress	어기다
2672	tightfisted	인색한	2697	transient	덧없는, 일시의
2673	timeworn	진부한	2698	transitory	일시적인
2674	timid	소심한, 내성적인	2699	translucent	반투명의
2675	timorous	겁 많은, 소심한	2700	transparent	투명한, 알기 쉬운

NEARCAPE ADVANCED WORDS TEST 2650

1.
(A) 봉합술
(B) 날씬한
(C) 뽐내며 걷다, 허세부리다
(D) 무더운, 찌는 듯한
(E) 갑자기 이탈하다

2.
(A) 마구 마시다
(B) 촉각의, 만져서 알 수 있는
(C) 그네
(D) 아첨꾼
(E) 연역적 추론

3.
(A) 꼬리표
(B) 얼룩, 더럽히다, 타락시키다
(C) 교향악단, 교향곡
(D) 협력의
(E) 개요

4.
(A) 합성
(B) 효과적인
(C) 끈적끈적한
(D) 끝이 점점 가늘어지다
(E) 요령 없는, 외교적 수완이 없는

5.
(A) 흐리게 하다, 변색시키다
(B) 말없는, 과묵한
(C) 사기 치다
(D) 유순한, 지루한
(E) 망설이다, 동요하다, 시소타다

6.
(A) 어설프게 만지다
(B) 공생
(C) 울화통
(D) 냄새가 톡 쏘는
(E) 애타게 하여 괴롭히다

7.
(A) 긴장된
(B) 방수 외투
(C) 동등한
(D) 지루한, 진부한
(E) 줄무늬 양탄자

8.
(A) 더딘
(B) 늪, 곤경
(C) 재미있는
(D) 부담스러운
(E) 도르래장치

9.
(A) 촌스런, 넝마의
(B) 비웃어 ~하게 하다
(C) (주제, 코스)에서 벗어난
(D) 사치와 향락을 일삼는 사람
(E) 싸구려의

10.
(A) 찢다, (찢어져 생긴) 흠
(B) 괴롭히다
(C) 무모, 만용
(D) 절제하는, 삼가는
(E) 방어할 수 있는

NEARCAPE ADVANCED WORDS TEST 2700

1.
(A) 몹시 집착하는, 고집 센
(B) 힘줄의
(C) 열의 없는, 미지근한
(D) 종점
(E) 소름끼치는 공포

2.
(A) 유언자
(B) 반투명의
(C) 증언
(D) 성 잘 내는, 성깔 있는
(E) 부자연스런, 아마추어 배우

3.
(A) 신학
(B) 치료의
(C) 어설프게 건들다
(D) 번영하다
(E) 표시의, 화폐

4.
(A) 떼 지어 모여들다
(B) 진부한
(C) 훼방 놓다
(D) 격론
(E) 특성

5.
(A) 아첨꾼
(B) 말쑥한
(C) 외형을 바꾸다
(D) 가시밭길의
(E) 엷은 색조를 띠다

6.
(A) 뒤죽박죽의, 혼란한
(B) 집게, 집게를 쓰다
(C) 덧없는, 일시의
(D) 엷은 빛깔
(E) 다루기 쉬운, 세공하기 좋은

7.
(A) 관용, 내성
(B) 신경질적인
(C) 겁 많은, 소심한
(D) 열렬한
(E) 진부한

8.
(A) 강장제
(B) 일시적인
(C) 이발사
(D) 가벼운 입씨름
(E) 둔한, 활발치 못한

9.
(A) 무기력, 무감각
(B) 솔직하지 못한, 에우르는
(C) 지혈 도구
(D) 인색한
(E) (밧줄로) 매어두다

10.
(A) 소심한, 내성적인
(B) 넘어서다
(C) 어기다
(D) 명확한 목적[의도]을 지닌
(E) 투명한, 알기 쉬운

NEARCAPE ADVANCED WORDS 2750

	WORDS	MEANING		WORDS	MEANING
2701	traverse	가로지르다	2726	turbulent	소란스런, 사나운
2702	travesty	서투른 흉내 내다	2727	turgid	과장된
2703	treacherous	배신하는	2728	turmoil	소란
2704	treaty	조약	2729	turncoat	변절자
2705	tremendous	무서운, 거대한	2730	tutor	가정교사
2706	tremulous	전전긍긍하는, 와들와들 떠는	2731	typo	인쇄공
2707	trenchant	신랄한, 명확한	2732	ugly	추한
2708	trendsetter	새 유행을 정착시키는 사람	2733	unavailing	효과 없는
2709	trepidation	공포, 전율	2734	unassuming	젠체하지 않는
2710	trespass	불법 침입하다, 위반하다	2735	unconventional	관습[인습]에 얽매이지 않는
2711	tribute	찬사	2736	uncouth	무례한
2712	trickle	똑똑 떨어짐	2737	unctuous	기름기 있는, 간사한
2713	trite	진부한	2738	underdog	약자
2714	triumph	승리	2739	undermine	약화시키다, 손상시키다
2715	trivial	하찮은	2740	underscore	강조(하다)
2716	trophy	트로피	2741	unexceptionable	나무랄 데 없는
2717	truant	꾀부려 쉬는 사람	2742	unexceptional	보통의
2718	truculent	잔혹한, 호전적인	2743	unflappable	침착한
2719	trudge	터벅터벅 걷다	2744	ungainly	꼴사나운, 보기흉한
2720	truism	자명한 이치	2745	unimpeachable	비난할 여지가 없는
2721	truncate	자르다, 줄이다	2746	unkempt	단정치 못한
2722	tubby	둔탁한 소리 나는, 뚱뚱한	2747	unlettered	무지의
2723	tumbler	곡예사	2748	unpalatable	불쾌한, 맛없는
2724	tumult	소란	2749	unpretentious	젠체하지 않는
2725	turbid	자욱한	2750	unrepentant	회개하지 않는

NEARCAPE ADVANCED WORDS 2800

	WORDS	MEANING		WORDS	MEANING
2751	unrequited	보답 없는	2776	vapid	생기 없는
2752	unruly	다루기 힘든	2777	vaporize	증발시키다
2753	untenable	지지할 수 없는	2778	variance	가변성, 불일치
2754	untold	셀 수 없는	2779	varnish	광나게 하다, 유약
2755	untoward	불리한, 부적당한, 고집 센	2780	vault	지하금고
2756	untutored	순박한	2781	vaunt	자랑하다, 뽐내다
2757	unwonted	드문	2782	veer	방향을 바꾸다
2758	upbraid	신랄하게 비난하다	2783	vehement	격앙된, 열정적인
2759	uphold	지지하다	2784	venom	독
2760	uproar	소란	2785	venal	매수되기 쉬운
2761	upset	뒤흔들어 놓다	2786	vendor	조달자
2762	urbane	세련된	2787	veneer	베니아(박판), 표면 마무리
2763	urge	주장하다	2788	venerate	존경, 경배하다
2764	usurp	강탈하다, 권한 없이 사용하다	2789	vengeful	앙심품은
2765	vacate	(집, 방) 을 비우다	2790	venial	용서될만한, 사소한
2766	vaccinate	예방 접종하다	2791	ventilate	환기시키다
2767	vacillate	동요하다, 주저하다	2792	veracious	정직한, 진실한
2768	vacuous	얼빠진, 공허한	2793	verbatim	똑같은 말의
2769	vagary	엉뚱한 짓, 변덕	2794	verbose	장황한
2770	vagrant	방랑자, 정처 없는	2795	verdant	초목으로 뒤덮인, 미숙한
2771	vague	분명치 않은, 막연한	2796	verdict	평결
2772	valediction	고별사	2797	verify	확증하다, 실증하다
2773	valiant	용맹스런	2798	vermin	인간쓰레기
2774	valid	정당한	2799	vernacular	일상어, 사투리
2775	vanquish	정복하다	2800	versatile	용도가 많은, 다재다능한

NEARCAPE ADVANCED WORDS TEST 2750

1.
(A) 가로지르다
(B) 서투른 흉내 내다
(C) 배신하는
(D) 조약
(E) 전전긍긍하는, 와들와들 떠는

2.
(A) 무지의
(B) 신랄한, 명확한
(C) 둔탁한 소리 나는, 뚱뚱한
(D) 찬사
(E) 똑똑 떨어짐

3.
(A) 진부한
(B) 소란
(C) 자욱한
(D) 하찮은
(E) 트로피

4.
(A) 꾀부려 쉬는 사람
(B) 잔혹한, 호전적인
(C) 새 유행을 정착시키는 사람
(D) 추한
(E) 자르다, 줄이다

5.
(A) 관습[인습]에 얽매이지 않는
(B) 곡예사
(C) 터벅터벅 걷다
(D) 불쾌한, 맛없는
(E) 단정치 못한

6.
(A) 소란스런, 사나운
(B) 과장된
(C) 자명한 이치
(D) 무서운, 거대한
(E) 변절자

7.
(A) 강조(하다)
(B) 무례한
(C) 가정교사
(D) 공포, 전율
(E) 효과 없는

8.
(A) 젠체하지 않는
(B) 기름기 있는, 간사한
(C) 젠체하지 않는
(D) 침착한
(E) 소란

9.
(A) 약자
(B) 약화시키다, 손상시키다
(C) 불법 침입하다, 위반하다
(D) 나무랄 데 없는
(E) 보통의

10.
(A) 꼴사나운, 보기 흉한
(B) 비난할 여지가 없는
(C) 승리
(D) 인쇄공
(E) 회개하지 않는

NEARCAPE ADVANCED WORDS TEST 2800

1.
(A) 다루기 힘든
(B) 지지할 수 없는
(C) 셀 수 없는
(D) 불리한, 부적당한, 고집 센
(E) 순박한

2.
(A) 일상어, 사투리
(B) 분명치 않은, 막연한
(C) 소란
(D) 뒤흔들어 놓다
(E) 세련된

3.
(A) 용맹스런
(B) 정당한
(C) 강탈하다, 권한 없이 사용하다
(D) (집, 방)을 비우다
(E) 예방 접종하다

4.
(A) 광나게 하다, 유약
(B) 동요하다, 주저하다
(C) 방향을 바꾸다
(D) 드문
(E) 방랑자, 정처 없는

5.
(A) 장황한
(B) 고별사
(C) 얼빠진, 공허한
(D) 평결
(E) 신랄하게 비난하다

6.
(A) 증발시키다
(B) 베니아(박판), 표면 마무리
(C) 격양된, 열정적인
(D) 인간쓰레기
(E) 엉뚱한 짓, 변덕

7.
(A) 똑같은 말의
(B) 지하 금고
(C) 자랑하다, 뽐내다
(D) 독
(E) 용서될만한, 사소한

8.
(A) 주장하다
(B) 매수되기 쉬운
(C) 용도가 많은, 다재다능한
(D) 조달자
(E) 생기 없는

9.
(A) 존경, 경배하다
(B) 양심품은
(C) 환기시키다
(D) 정직한, 진실한
(E) 정복하다

10.
(A) 초목으로 뒤덮인, 미숙한
(B) 가변성, 불일치
(C) 지지하다
(D) 확증하다, 실증하다
(E) 보답 없는

NEARCAPE ADVANCED WORDS 2850

	WORDS	MEANING		WORDS	MEANING
2801	vertigo	어지러움	2826	viscous	점성의
2802	vessel	혈관	2827	visionary	공상의
2803	vestigial	퇴화한, 흔적의	2828	vista	전망
2804	veteran	고참병	2829	vitality	생명력
2805	veto	거부권	2830	vitiate	손상시키다, 타락시키다
2806	vex	화나게 하다	2831	vitrify	유리질로 만들다
2807	viable	생존 가능한	2832	vituperative	비난하는, 헐뜯는
2808	vibrant	활기찬	2833	vivacious	활기 있는, 활발한
2809	vicarious	대신의	2834	vociferous	떠들썩한
2810	vicious	악의가 있는	2835	vogue	유행
2811	vicissitude	변천, 변화	2836	volatile	휘발성의, 변덕스런
2812	victimize	사기 치다	2837	volition	의욕, 결단력
2813	vigilant	빈틈없는, 주의 깊은	2838	voluble	유창한
2814	vignette	짧막한 장면	2839	voluminous	부피가 큰, 다량의
2815	vigor	정력	2840	voluptuous	사치스러운
2816	vile	야비한, 초라한	2841	vomit	토하다
2817	vilify	헐뜯다	2842	voracious	게걸스레 먹는
2818	vim	정력	2843	votary	신봉자
2819	vindicate	(비난, 의혹을) 풀다	2844	vouch	보증하다
2820	vindictive	원한 깊은	2845	vulgar	서민의, 상스러운
2821	violate	위반하다	2846	waffle	말끝을 흐리며 둘러대다
2822	virility	남자다움	2847	wag	익살꾼
2823	virtuoso	거장	2848	wan	창백한, 힘없는
2824	virtuous	덕 있는, 고결한	2849	wane	쇠퇴하다, 약해지다
2825	virulent	치명적인, 독이 있는	2850	want	결핍

NEARCAPE ADVANCED WORDS 2900

	WORDS	MEANING		WORDS	MEANING
2851	wanton	제 멋대로의	2876	withdraw	철회하다, 물러나다
2852	wardrobe	옷장	2877	wither	시들다, 풀이 죽다
2853	war monger	전쟁 도발자	2878	withhold	보류하다, 만류하다
2854	warrant	근거가 되다	2879	wizen	시든
2855	wary	방심하지 않는	2880	wobble	동요하다, 흔들거리다
2856	wastrel	방탕아	2881	woo	구애하다
2857	waterproof	방수의	2882	wordsmith	문장가
2858	watershed	전환점	2883	worldly	세속적인, 평범한
2859	wax	(세력, 감정) 이 커지다, 왁스, 울화통	2884	worship	숭배
2860	wheedle	감언이설로 속여 얻어내다	2885	wrangler	카우보이
2861	whet	날카롭게 갈다	2886	writ	영장, 공식문서
2862	whiff	한번 불기	2887	wry	(얄궂게) 익살스런, 비꼬는
2863	whimsical	변덕스러운	2888	yacht	요트
2864	wholesome	건전한, 건강에 좋은	2889	yardstick	야드자
2865	wick	양초심지	2890	yaw	한쪽으로 흔들리다, 빗나가다
2866	wicked	사악한	2891	yield	양보하다, 포기하다, 따르다
2867	welter	뒤죽박죽이 되다	2892	yoke	결합시키다, 속박하다
2868	wily	교활한	2893	zeal	열정
2869	wince	주춤[움찔]하다	2894	zest	흥미
2870	wind bag	수다쟁이	2895	zigzag	지그재그
2871	windy	수다스런, 장황한	2896	zone	구획하다
2872	winnow	키질하다	2897		
2873	winsome	애교 있는	2898		
2874	wit	기지, 지혜 있는 사람	2899		
2875	witch	마녀	2900		

NEARCAPE ADVANCED WORDS TEST 2850

1.
(A) 어지러움
(B) 혈관
(C) 퇴화한, 흔적의
(D) 거부권
(E) 화나게 하다

2.
(A) 생존 가능한
(B) 활기찬
(C) 악의가 있는
(D) 거장
(E) 사기 치다

3.
(A) 빈틈없는, 주의 깊은
(B) 짤막한 장면
(C) 치명적인, 독이 있는
(D) 점성의
(E) 야비한, 초라한

4.
(A) 헐뜯다
(B) 정력
(C) (비난, 의혹을) 풀다
(D) 변천, 변화
(E) 활기 있는, 활발한

5.
(A) 남자다움
(B) 휘발성의, 변덕스런
(C) 덕 있는, 고결한
(D) 원한깊은
(E) 쇠퇴하다, 약해지다

6.
(A) 고참병
(B) 공상의
(C) 전망
(D) 위반하다
(E) 대신의

7.
(A) 손상시키다, 타락시키다
(B) 토하다
(C) 의욕, 결단력
(D) 유리질로 만들다
(E) 창백한, 힘없는

8.
(A) 떠들썩한
(B) 유행
(C) 유창한
(D) 결핍
(E) 보증하다

9.
(A) 생명력
(B) 부피가 큰, 다량의
(C) 사치스러운
(D) 말끝을 흐리며 둘러대다
(E) 게걸스레 먹는

10.
(A) 신봉자
(B) 서민의, 상스러운
(C) 익살꾼
(D) 정력
(E) 비난하는, 헐뜯는

NEARCAPE ADVANCED WORDS TEST 2900

1.
(A) 제 멋대로의
(B) 전쟁도발자
(C) 근거가 되다
(D) 방심하지 않는
(E) 방수의

2.
(A) 흥미
(B) 전환점
(C) 키질하다
(D) 날카롭게 갈다
(E) 철회하다, 물러나다

3.
(A) 한번 불기
(B) 감언이설로 속여 얻어내다
(C) 변덕스러운
(D) 기지, 지혜 있는 사람
(E) 요트

4.
(A) 마녀
(B) 양초 심지
(C) (세력, 감정)이 커지다, 왁스, 울화통
(D) 수다스런, 장황한
(E) 구애하다

5.
(A) 보류하다, 만류하다
(B) 애교 있는
(C) (얄궂게) 익살스런, 비꼬는
(D) 시들다, 풀이 죽다
(E) 건전한, 건강에 좋은

6.
(A) 수다쟁이
(B) 숭배
(C) 교활한
(D) 시든
(E) 동요하다, 흔들거리다

7.
(A) 뒤죽박죽이 되다
(B) 문장가
(C) 세속적인, 평범한
(D) 카우보이
(E) 영장, 공식문서

8.
(A) 사악한
(B) 주춤[움찔]하다
(C) 야드자
(D) 한쪽으로 흔들리다, 빗나가다
(E) 양보하다, 포기하다, 따르다

9.
(A) 방탕아
(B) 결합시키다, 속박하다
(C) 열정
(D) 지그재그
(E) 옷장

NEARCAPE ADVANCED WORDS ANSWER SHEET

1회 - 50

1	2	3	4	5	6	7	8	9	10
(B)	(D)	(E)	(B)	(C)	(A)	(D)	(E)	(C)	(A)

2회 - 100

1	2	3	4	5	6	7	8	9	10
(C)	(A)	(E)	(D)	(A)	(B)	(C)	(E)	(D)	(B)

3회 - 150

1	2	3	4	5	6	7	8	9	10
(E)	(B)	(A)	(C)	(E)	(D)	(B)	(C)	(A)	(D)

4회 - 200

1	2	3	4	5	6	7	8	9	10
(A)	(B)	(E)	(D)	(C)	(B)	(E)	(A)	(D)	(B)

5회 - 250

1	2	3	4	5	6	7	8	9	10
(B)	(D)	(E)	(B)	(A)	(D)	(C)	(E)	(A)	(B)

6회 - 300

1	2	3	4	5	6	7	8	9	10
(B)	(C)	(A)	(D)	(B)	(E)	(C)	(D)	(A)	(D)

7회 - 350

1	2	3	4	5	6	7	8	9	10
(C)	(E)	(C)	(A)	(B)	(D)	(E)	(C)	(A)	(B)

8회 - 400

1	2	3	4	5	6	7	8	9	10
(E)	(D)	(A)	(C)	(B)	(C)	(D)	(E)	(A)	(B)

9회 - 450

1	2	3	4	5	6	7	8	9	10
(D)	(C)	(A)	(E)	(B)	(A)	(C)	(D)	(B)	(E)

10회 - 500

1	2	3	4	5	6	7	8	9	10
(E)	(A)	(B)	(C)	(B)	(D)	(E)	(E)	(B)	(C)

11회 - 550

1	2	3	4	5	6	7	8	9	10
(B)	(A)	(D)	(E)	(C)	(B)	(E)	(B)	(A)	(D)

12회 - 600

1	2	3	4	5	6	7	8	9	10
(D)	(C)	(E)	(A)	(B)	(C)	(D)	(E)	(A)	(B)

13회 - 650

1	2	3	4	5	6	7	8	9	10
(A)	(E)	(C)	(D)	(B)	(E)	(B)	(A)	(C)	(D)

14회 - 700

1	2	3	4	5	6	7	8	9	10
(B)	(A)	(D)	(E)	(C)	(A)	(B)	(D)	(E)	(A)

15회 - 750

1	2	3	4	5	6	7	8	9	10
(C)	(B)	(A)	(E)	(B)	(D)	(C)	(A)	(E)	(D)

16회 - 800

1	2	3	4	5	6	7	8	9	10
(D)	(E)	(B)	(A)	(C)	(E)	(B)	(D)	(A)	(E)

17회 - 850

1	2	3	4	5	6	7	8	9	10
(A)	(D)	(E)	(B)	(A)	(E)	(C)	(D)	(B)	(A)

18회 - 900

1	2	3	4	5	6	7	8	9	10
(B)	(C)	(D)	(A)	(E)	(C)	(E)	(D)	(B)	(A)

19회 - 950

1	2	3	4	5	6	7	8	9	10
(D)	(A)	(E)	(B)	(C)	(A)	(B)	(D)	(E)	(C)/(D)

20회 - 1000

1	2	3	4	5	6	7	8	9	10
(C)	(E)	(A)	(B)	(D)	(E)	(B)	(C)	(A)	(D)

21회 - 1050

1	2	3	4	5	6	7	8	9	10
(D)	(E)	(B)	(C)	(A)	(B)	(D)	(E)	(A)	(C)

22회 - 1100

1	2	3	4	5	6	7	8	9	10
(E)	(B)	(D)	(A)	(B)	(C)	(D)	(E)	(A)	(B)

23회 - 1150

1	2	3	4	5	6	7	8	9	10
(A)	(C)	(E)	(C)	(B)	(D)	(A)	(E)	(B)	(E)

24회 - 1200

1	2	3	4	5	6	7	8	9	10
(E)	(A)	(B)	(D)	(C)	(A)	(C)	(E)	(D)	(A)

25회 - 1250

1	2	3	4	5	6	7	8	9	10
(A)	(B)	(E)	(D)	(C)	(D)	(A)	(B)	(C)	(E)

26회 - 1300

1	2	3	4	5	6	7	8	9	10
(C)	(E)	(B)	(A)	(D)	(C)	(B)	(A)	(E)	(A)

27회 - 1350

1	2	3	4	5	6	7	8	9	10
(A)	(C)	(B)	(E)	(D)	(C)	(A)	(D)	(B)	(E)

28회 - 1400

1	2	3	4	5	6	7	8	9	10
(D)	(B)	(E)	(A)	(C)	(B)	(D)	(A)	(C)	(E)

29회 -1450

1	2	3	4	5	6	7	8	9	10
(E)	(D)	(B)	(A)	(B)	(C)	(E)	(D)	(A)	(C)

30회 - 1500

1	2	3	4	5	6	7	8	9	10
(B)	(A)	(D)	(E)	(C)	(A)	(D)	(B)	(E)	(C)

31회- 1550

1	2	3	4	5	6	7	8	9	10
(D)	(C)	(B)	(A)	(E)	(C)	(B)	(D)	(A)	(C)

32회 - 1600

1	2	3	4	5	6	7	8	9	10
(B)	(C)	(B)	(E)	(D)	(A)	(C)	(B)	(E)	(D)

33회 - 1650

1	2	3	4	5	6	7	8	9	10
(E)	(B)	(A)	(D)	(C)	(B)	(A)	(E)	(D)	(C)

34회 - 1700

1	2	3	4	5	6	7	8	9	10
(C)	(A)	(E)	(D)	(B)	(E)	(C)	(A)	(D)	(B)

35회 - 1750

1	2	3	4	5	6	7	8	9	10
(D)	(A)	(C)	(D)	(E)	(B)	(A)	(C)	(D)	(E)

36회 - 1800

1	2	3	4	5	6	7	8	9	10
(B)	(C)	(D)	(E)	(A)	(C)	(D)	(A)	(E)	(B)

37회 - 1850

1	2	3	4	5	6	7	8	9	10
(B)	(C)	(E)	(A)	(C)	(D)	(E)	(A)	(B)	(C)

38회 - 1900

1	2	3	4	5	6	7	8	9	10
(A)	(C)	(C)	(B)	(D)	(E)	(A)	(B)	(D)	(C)

39회 - 1950

1	2	3	4	5	6	7	8	9	10
(C)	(D)	(A)	(E)	(B)	(D)	(C)	(A)	(E)	(B)

40회 - 2000

1	2	3	4	5	6	7	8	9	10
(A)	(E)	(D)	(C)	(A)	(B)	(D)	(E)	(C)	(A)

41회 - 2050

1	2	3	4	5	6	7	8	9	10
(E)	(C)	(A)	(D)	(B)	(E)	(A)	(B)	(C)	(D)

42회 - 2100

1	2	3	4	5	6	7	8	9	10
(A)	(B)	(E)	(C)	(D)	(D)	(B)	(E)	(A)	(C)

43회 - 2150

1	2	3	4	5	6	7	8	9	10
(C)	(E)	(B)	(D)	(A)	(E)	(C)	(B)	(D)	(C)

44회 - 2200

1	2	3	4	5	6	7	8	9	10
(A)	(B)	(D)	(C)	(A)	(E)	(C)	(B)	(D)	(A)

45회 - 2250

1	2	3	4	5	6	7	8	9	10
(B)	(C)	(A)	(D)	(E)	(C)	(A)	(B)	(D)	(E)

46회 - 2300

1	2	3	4	5	6	7	8	9	10
(D)	(E)	(B)	(A)	(C)	(E)	(D)	(B)	(A)	(C)

47회 - 2350

1	2	3	4	5	6	7	8	9	10
(E)	(B)	(A)	(C)	(D)	(B)	(E)	(A)	(C)	(B)

48회 - 2400

1	2	3	4	5	6	7	8	9	10
(D)	(B)	(A)	(C)	(A)	(E)	(D)	(B)	(A)	(C)

49회 - 2450

1	2	3	4	5	6	7	8	9	10
(A)	(B)	(C)	(E)	(A)	(D)	(C)	(B)	(E)	(A)

50회 - 2500

1	2	3	4	5	6	7	8	9	10
(C)	(B)	(E)	(A)	(D)	(C)	(B)	(A)	(E)	(D)

51회 - 2550

1	2	3	4	5	6	7	8	9	10
(B)	(E)	(A)	(D)	(C)	(E)	(B)	(A)	(D)	(C)

52회 - 2600

1	2	3	4	5	6	7	8	9	10
(B)	(D)	(A)	(D)	(E)	(C)	(A)/(B)	(D)	(B)	(E)

53회 - 2650

1	2	3	4	5	6	7	8	9	10
(A)	(E)	(D)	(B)	(C)	(D)	(A)	(B)	(E)	(C)

54회 - 2700

1	2	3	4	5	6	7	8	9	10
(B)	(E)	(A)	(C)	(D)	(E)	(B)	(A)	(D)	(C)

55회 - 2750

1	2	3	4	5	6	7	8	9	10
(A)	(D)	(B)	(C)	(E)	(A)	(B)	(D)	(E)	(C)

56회 - 2800

1	2	3	4	5	6	7	8	9	10
(B)	(A)	(D)	(E)	(C)	(A)	(D)	(B)	(E)	(C)

57회 - 2850

1	2	3	4	5	6	7	8	9	10
(E)	(D)	(B)	(D)	(B)	(D)	(C)	(A)	(E)	(B)

58회 - 2900

1	2	3	4	5	6	7	8	9	10
(C)	(B)	(C)	(E)	(B)	(D)	(A)	(B)	(C)